Altered Pasts

Counterfactuals in History

历史的另一种可能

被改变的过去——人类历史中的反事实

[英] 理查德・J・埃文斯（Richard J.Evans）◎著
晏奎　吴蕾◎译

中信出版集团・CHINACITICPRESS・北京

图书在版编目（CIP）数据

历史的另一种可能 /（英）埃文斯著；晏奎，吴蕾译. —北京：中信出版社，2016.1(2023.9重印)

书名原文：Altered Pasts: Counterfactuals in History

ISBN 978–7–5086–5674–8

I. ①历… II. ①埃… ②晏… ③吴… III. ①世界史–研究 IV. ①K107

中国版本图书馆CIP数据核字（2015）第271806号

历史的另一种可能

著　者：[英]理查德· J· 埃文斯
译　者：晏奎　吴蕾
策划推广：中信出版社（China CITIC Press）
出版发行：中信出版集团股份有限公司
（北京市朝阳区东三环北路27号嘉铭中心　邮编　100020）
（CITIC Publishing Group）
承印者：北京诚信伟业印刷有限公司

开　本：787mm×1092mm 1/16　　印　张：15　　字　数：127 千字
版　次：2016 年 1 月第 1 版　　印　次：2023 年 9 月第11次印刷
京权图字：01–2014–6119
书　号：ISBN 978–7–5086–5674–8/K · 499
定　价：45.00 元

献给克里斯蒂娜

假如我们不曾相遇……

假如希特勒丧命于1930年的一场车祸，纳粹党是否还会上台？“二战”是否还会爆发？假如18世纪美国独立战争没有发生，美国奴隶制是否会更早废除？1860~1865年的独立战争是否就可避免？假如西班牙无敌舰队当年成功入侵并占领了英格兰，那么英格兰是否会再次成为天主教国家？假如果真如此，那么其艺术、文化、社会、科学及经济又将怎样发展？

——理查德·J·埃文斯

史学家……必须对他的题材始终抱有一种非命定论的观点。他必须不断地把自己放在过去的某个点上；在那个点上，各种已知因素似乎仍然能够导致不同的结果。如果他说的是萨拉米斯，那么必须是波斯人可能会赢；如果他说的是雾月政变，那么波拿巴的可耻失败必须要能为人看出……（然而）史学家旨在从人类社会之某一阶段的遗迹中发现某种意义……我们所设定的历史背景，即我们内心的那一创造，只有当我们赋予它一个目标，抑或是通往某个具体结果的一条路径时，它才是有意义的……因此，历史思维总是目的论的……对于历史，该提的问题总是“何去何从”。历史必然被赋予出类拔萃的目的论原则。

——约翰·赫伊津哈（Johan Huizinga）
转引自弗里茨·斯特恩（Fritz Stern）主编
《多样的历史：从伏尔泰到目前》
（*The Varieties of History: From Voltaire to the Present*）

目·录

序·言

这本小书原是一篇论文，旨在探讨历史研究与历史写作中使用反事实的问题。所谓反事实，亦即虚拟事实，本书用以指称那些与历史截然不同的其他版本，在这些版本中，历史时间轴上的某一变动便导致了一个与人们已知真正发生过的事实所不同的结果。在随后的各章中，我将用实例对此进行详细讨论，这些实例包括：如果英国没有参加“一战”，而是作为中立的非战国作壁上观，结果会是怎样？如果英国在1940年或1941年与德国纳粹单独媾和，又会是怎样的结局？或者，如果英国因不列颠之战失利而被希特勒第三帝国的武装力量占领，他们可能会怎么做？第一章简要勾勒反事实的历史发展，从其在19世纪的发端开始，力图阐明反事实在20世纪90年代和21世纪初的英美两国重获新生并广受追捧的原因。第二章着重分析人们对使用反事实所持有的支持与反对两种不同态度，讨论这一题材的主要贡献及其对众多学者所谓的历史决定论的意义。第三章着眼于历史作家与小说家们因各自目的而重新创造过去所运用的诸种方式，包括构建平行的“另外”历史和基于历史改动而虚构出的未来景象。最后的第四章力图将上述所有内容进行归纳，看看能否从中得出某种结论，即反事实是不是史学家的一种有效工具，如果是，那么应以何种方式，到达何种程度，界限又在哪里。

我最初开始关注反事实是在1998年，当时我参加了BBC（英国广播公司）新闻频道午夜栏目的一场电视辩论，名为“罗宾 · 戴说书秀”（Robin Day’s Book Talk），参与辩论的另两位嘉宾是安东尼娅 · 弗雷泽（Antonia Fraser）和尼尔 · 弗格森（Niall Ferguson），后者刚出版了在该领域具有开拓性的著作《虚拟的历史》[①]（*Virtual History*，1997）。我自己的《为历史而辩》（*In Defence of History*）一书也刚刚出版，反事实历史的观念以一种新的方式提出了一个重要问题，即事实与虚构之间的界线究竟在哪里，这也是那本书所致力解

① 《虚拟的历史》一书中文简体版于2012年由中信出版社出版。——编者注

决的问题。所以，当 2002 年 10 月我应邀到位于贝尔法斯特的女王大学举办巴特菲尔德讲座时，我认为这恰好是对这些问题进行进一步深度探讨的绝佳机会。那次讲座内容后来被编辑出版，取名“好似无中生有的讲述”，发表在《BBC 历史》杂志 2002 年第 3 期第 2~4 页；随后又应邀在一家美国期刊《从历史的角度说》（*Historically Speaking*）第 5 期第 4 卷（2004 年 3 月）上被重印出来，成为好几篇长文的热议主题，我本人的回应也刊印在同一期里（第 28~31 页）。整个交流都被收入唐纳德 · A · 耶克萨的《历史思考的新主题：史学家的对话》（*Recent Themes in Historical Thinking: Historians in Conversation*，南卡罗来纳大学出版社，2008）第 120~130 页。

杰弗里 · 帕克（Geoffrey Parker）和菲利普 · 泰特洛克（Philip Tetlock）在《从历史的角度说》上对我的回复，以及两年后他们在编辑出版反事实文集《重塑西方》（*Unmaking the West*）时在前言和结束语里所展开的更加详细的讨论，都让我意识到，我对反事实主义者们的主张最初的反应有些敏感，需要加以反思。在随后的几年里，该主题的文章越来越多，这也给了我进一步重新思考的理由。此外，到目前为止，反事实历史所提出的问题也有了一些值得深思的理论性探讨，从高度批判到谨慎辩护都有。而这些问题一齐将该主题的辩论推上了一个新的台阶。因此，以色列历史协会——一个历史可以追溯到20世纪30年代的独立组织，邀请我开展2013年梅纳赫姆·斯特恩（Menahem Stern）教授纪念讲座，着重从方法论和理论方面，就一些以色列历史主题进行演讲时，我欣然接受了邀请，想趁此次机会重提反事实这一话题，并考虑进行更深一步探讨。本书便是此次讲座的成果。书中内容大致与演讲一致，除了第三章和第四章进行了合并与删略，构成了系列讲座中的第三也是最后一讲。

我首先需要感谢的是以色列历史协会，感谢协会主席伊斯拉埃尔·巴特尔（Israel Bartel）教授、秘书长兹维·耶库迪尔（Zvi Yekutiel）先生，以及各位理事会成员，感谢他们给予我如此殊荣，邀我开展此次讲座。要跟上卡洛·金茨堡（Carlo Ginzburg）、安东尼·格拉夫顿（Anthony Grafton）、埃马纽埃尔·勒华拉杜里（Emmanuel Le Roy Ladurie）、弗格斯·米勒（Fergus Millar）、娜塔莉·泽蒙·戴维斯（Natalie Zemon Davis）、安东尼·史密斯（Anthony Smith）、彼得·布朗（Peter Brown）、于尔根·科卡（Jürgen Kocka）、基思 · 托马斯（Keith Thomas）、海因茨 · 希林（ Heinz Schlling）、汉斯–乌尔希里 · 韦勒（Hans-Ulrich Wehler）和帕特里克 · 吉尔里（Patrick Geary）等各位历史学家们的步伐并非易事，好在有了协会行政主管马雅 · 艾维尼里–雷布洪（Maayan Avineri-Rebhun）的帮助，他严谨、妥当而又高效的安排使得过程顺利了许多。此外，托维 · 韦斯（Tovi Weiss）所提供的帮助也不可或缺，还有我住的米什肯努 · 沙昂尼姆旅馆里的员工，他们尽职尽责地帮助我。米什肯努 · 沙昂尼姆旅馆是这里的文化中心，修建于山丘上，俯瞰着耶路撒冷老城那令人生畏的城墙。还有到场耐心听我讲座的各位听众，他们的积极提问也使得本书中的讨论得以提升。奥托 · 多夫 · 库尔卡（Otto Dov Kulka）不仅就该主题向我提出了约翰 · 赫伊津哈的思想，并且以东道主身份和我一同来往于耶路撒冷及周边，尽显其本人的亲切与风趣，而雅德 · 比兰（Ya'ad Biran）则充当专业向导，带我游览了城内数不胜数充满魅力的地方。优素福 · 卡普兰（Yosef Kaplan）教授是梅纳赫姆 · 斯特恩教授纪念讲座的总编辑，是他让演讲的内容得以出版。我的经纪人安德鲁 · 怀利（Andrew Wylie）和他的员工，尤其是伦敦分部的詹姆斯·普伦（James Pullen），他们努力工作确保该书能按照合约出版并开展广泛销售（但愿如此）。还有美国布兰迪斯大学出版社（Brandeis University Press）的工作人员，他们都非常仔细，也都非常专业。我尤其要感谢理查德·普尔特（Richard Pult）与苏珊·阿贝尔（Susan Abel）对写作过程的密切关注，感谢坎农·拉布里（Cannon Labrie）对打字稿所做的专业编辑，感谢利特尔&布朗出版社（Little, Brown）的蒂姆·怀廷（Tim Whiting）对英联邦版所付出的艰辛工作。西蒙·布莱克本（Simon Blackburn）、克里斯蒂安·格舍尔（Christian Goeschel）、拉赫尔·霍夫曼（Rachel Hoffman）、戴维·莫塔戴尔（David Motadel）、佩妮莱·罗热（Pernille Roge）和阿斯特丽·斯文松（Astrid Swenson）都在百忙中阅读校订了打字稿，提出了很多建设性意见。克里斯蒂娜·L·科尔顿（Christine L.Corton）以极其专业的眼光审阅了样稿。我对他们每个人都充满了说不尽的感激之情，但他们无须为本书内容承担任何责任。

理查德·J·埃文斯

2013 年 7 月于剑桥

Altered Pasts

Counterfactuals in History

第一章 一厢情愿

假如呢？假如希特勒丧命于1930年的一场车祸，纳粹党是否还会上台？“二战”是否还会爆发？600万犹太人又是否还会遭到屠杀？假如18世纪美国独立战争没有发生，美国奴隶制是否会更早废除？1860~1865年的南北战争是否就可避免？假如贝尔福当年没有签署《贝尔福宣言》，以色列国最终是否还能成立？假如列宁没有在50岁出头时就去世而是多活了20年，那么残酷血腥的斯大林时代是否可以避免？假如西班牙无敌舰队当年成功入侵并占领了英格兰，那么英格兰是否会再次成为天主教国家？假如果真如此，那么其艺术、文化、社会、科学及经济又将怎样发展？假如阿尔·戈尔在2000年竞选美国总统成功，第二次海湾战争是否还会爆发？假如拿破仑在滑铁卢战役中获胜——正如维克多·雨果在其鸿篇巨作《悲惨世界》开篇中所推测的那样——又会是怎样的情形？这位小说家百思不得其解的是：他怎么可能就这么打了败仗？然而这些既成事实，正如詹姆斯·乔伊斯在《尤利西斯》中所写的那样："这些事是抹煞不了的。岁月已给它们打上了烙印，把它们束缚住，关在被它们排挤出去的无限的可能性的领域里。但是，那些可能性既然从未实现，难道还说得上什么可能吗？抑或唯有发生了的才是可能的呢？①"

有可能会发生什么？这个问题一直吸引着历史学家们。但正如E·H·卡尔（E. H. Carr）《历史是什么》（*What is History*）——由他1961年在剑桥大学的特里维廉讲座所做的系列演讲集结而成——一书中所认为的那样，这个问题长久以来不过是一种娱乐性室内游戏而已，是几百年前帕斯卡就曾经讥讽过的一种可笑的推测。帕斯卡曾问道：假如埃及女王克里奥帕特拉的鼻子略微短一点儿，那么她就没那么漂亮，也就不会给本该为击败屋大维而备战的马

① 詹姆斯·乔伊斯，《尤利西斯》，萧乾、文洁若译，南京：译林出版社，2005年，第83页。——编者注

克·安东尼带去致命的诱惑，假如事实果真如此，那么结局又会如何呢？罗马帝国是否会因此而从未建立呢？它依然会建立，哪怕换一种不同的方式或者在一个稍微不同的时间点。起作用的是众多因素，而非一人的好恶。类似的讽刺也可以在18世纪通俗小说中找到，比如《罗伯特骑士历险记》（*The Adventures of Robert Chevalier*）。该书于1732年在巴黎出版，随后很快被翻译为英文，书中假想了美国原住民在哥伦布航海之前就发现了欧洲大陆。另外一个有名的例子是爱德华·吉本（Edward Gibbon），他在《罗马帝国衰亡史》（*History of the Decline and Fall of the Roman Empire*）中曾取笑牛津大学，称他在这里度过了人生中最无聊、最无用的日子。他写道，如果查理·马特（Charles Martel）没有在733年击败摩尔人，伊斯兰教将可能统治整个欧洲，而“牛津的所有学校就都有可能要教学生如何阐释《古兰经》，教士们也都可能要给信众传授穆罕默德的圣训和真言”。显然，吉本认为，至少就牛津大学而言，其结果还是会与现在的情形大同小异。

关于“有可能会发生什么”的问题，在数百年中，很多作家都在他们的作品中有过或多或少的猜想。罗马史学家李维（Livy）曾揣测过要是亚历山大大帝征服了罗马，那么世界究竟会怎样的问题。西班牙骑士朱亚诺·马托雷尔（Joanot Martorelli）及其朋友马蒂·朱安·德·加尔巴（Martí Joan de Galba）的传奇故事《白骑士蒂朗》（*Tirant lo Blanc*）则在其想象的世界中，让拜占庭帝国打败了奥斯曼帝国，而不是相反。该书是在君士坦丁堡被土耳其攻陷后的数十年里写成的，也是第一次以架空历史的方式出现的作品，具有较为明显的一厢情愿的特征。以理性的方式看待历史，例如像吉本的著作那样，将人类历史视作上帝“神意”的展现，这是对既定事实进行历史书写而非虚构猜测的必要前提。正如艾萨克·迪斯雷利（Isaac D'Israeli）于1835年第一次对该主题进行讨论时，在名为“论未曾发生的历史事件”的短文中所指出的那样，当新教徒和天主教徒都将“神意”这一概念“据为己有”时，这一概念是无法说服一位公正的旁观者的。这种观点并不新奇，尽管迪斯雷利试图通过引用一些对可能发生的事件进行猜测（尽管只是很简要地猜测）的历史文本对该观点进行支持，例如，假设亚历山大大帝成功占领意大利，查理·马特败给摩尔人，西班牙无敌舰队成功登陆英格兰，或者查理一世未被处决，世界究竟会怎么样。迪斯雷利归根结底真正想说的，是历史学家应将“神意”的观点转变为“意外”或他所称的“宿命”的概念。不过，在充分展开这种猜想前，还需要再多进一步。像其他启蒙运动时期的历史学家们一样，吉本依然将时间视为永恒，视人类社会为不变：他笔下的罗马元老很容易被人们想象为头戴假发、在下议院中不停争论的18世纪的绅士们，而他们所表现出的品德则颇似吉本在他的同代人身上所发现的品质。如果历史选择了另一种不同的进程，一个时代的主要特征将会发生怎样翻天覆地的变化？对于这个问题的思考，需要一种新的浪漫主义眼光，需要把过去与现在完全分开，需要赋予每个时代其自身的特殊性，正如小说家沃尔特·司各特（Walter Scott）及其史学门徒利奥波德·冯·兰克（Leopold von Ranke）所认为的那样。

最先详尽地阐释这一观点的是拿破仑皇帝的崇拜者、法国作家路易·若弗鲁瓦（Louis Geoffroy），这不足为奇。的确，拿破仑大帝在滑铁卢战役失利后便被流放至圣赫勒拿岛，然后在追想本该如何战胜敌人的梦境中度过了余生。这位昔日的皇帝叹息道，1812年大军靠近莫斯科大门后，如果俄国人没有火烧莫斯科城，他的军队便可在城中越冬，然后“一旦气候转暖，我便可朝敌军挺进；我便能击溃对方；我便会成为敌军帝国的主宰……因为我原本只需要与人和军队开战，而不必与自然开战”。拿破仑被“冬将军”击败的传说便由此诞生。但若弗鲁瓦却认为浇灭莫斯科的熊熊烈火并非成功必需，在1836年的短文《拿破仑征服世界》中，他让拿破仑北上挺进圣彼得堡，击溃俄国军队，俘虏沙皇亚历山大一世并占领瑞典。接着恢复波兰王国，完成对西班牙的攻占，继而在剑桥战役中让一支军队登陆雅茅斯北部的东盎格鲁海岸，彻底摧毁由约克公爵带领的23万英军。英格兰从此并入法国，被划分为22个法国行省。截至1817年，他成功将普鲁士从地图上抹去，4年后击败巴勒斯坦一支庞大的穆斯林军队并占领耶路撒冷，摧毁城中所有清真寺，还从萨赫拉清真寺的废墟中将黑石运回法国巴黎。

拿破仑的胜利还远远没有结束。趁着迅猛之势，他随后征服了亚洲，包括中国和日本，他摧毁了除天主教外所有其他宗教圣地，在非洲建立霸权，将美国降于法国管制之下，并于1827年将美国南北部各州的州长召集至巴拿马召开国会使之生效。在他名为“世界统治者”的就职演说中，拿破仑宣告其全球帝国制：“在我的种族内实行世袭，从现在起直到时间的终结，全世界都将只有一个国家、一种权力……基督教是世上的唯一宗教。”由于有教皇授予的“全能者”这一新的称号，拿破仑甚至还重新获得了天伦之乐，因为在其奥地利妻子（仅出于政治联姻）去世后，他再次结婚，迎娶了心爱的约瑟芬。

最后，拿破仑于1832年逝世，一生获得了历史上任何政治家或将军都难以企及的成就。他非但不是一位残酷冷血的独裁者，而且保留了议会，成为一位开明而爱好和平的君主。法兰西的胜利与基督教之间的联系似乎表明，这一切都主要归功于神意的造化，至少从这个层面上讲，若弗鲁瓦的作品是相当过时的。并且，该作品还无可避免地加入了非常浓厚的历史要素——或者应该称之为伪历史要素：历史进程的某一改变导致了一系列漫长的历史事件无可避免地随之发生，毫无偏差或逆转的可能，并且直接定下了历史的结局，就像拿破仑在其就职演说“世界统治者”中所宣告的那样。甚至连维克多·雨果也没有设想得这么远，他在《悲惨世界》中认为，神意已经裁定历史不再为拿破仑这样的巨人留有一席之地，因此在滑铁卢战役中，沉闷迟钝、天性愚昧、缺乏想象力的威灵顿反而战胜了天才的拿破仑，这就足以表明在更大意义上，这次战役标志着世界历史进程的一个显著的转折点，而非简单表明法兰西军荣的终结。

当然，若弗鲁瓦本人也深知，神意已决定世界不应由拿破仑统治，所以他在自己的作品中也会让读者想到现实。他曾多次提到会让拿破仑深感不堪的另一种历史，比如他写到拿破仑可能会在滑铁卢战役中失利并被放逐到圣赫勒拿岛，又比如他写拿破仑征服亚洲后站在甲板上行驶在南大西洋时，突然眺望到出现在地平线上的圣赫勒拿岛，这一眼让他不寒而栗，并让他暂时从脑海里的幻想中醒了过来，将目光投向环绕在四周的真实环境中。读者们都知道，现实中的拿破仑是在莫斯科大门前被打败的，也都知道俄国人之所以取得 1812 年的胜利，正因为他们拒绝与这位法兰西皇帝进入一场酣战。就若弗鲁瓦的作品而言，除开这些不足之处，它是第一部获得广泛认可，且论述详细的推测性历史猜想小说。它面世于 19 世纪 30 年代中期，当时正值拿破仑传奇深受热捧的时期，之后又伴随着 1848 年的法国二月革命及其所引起的一系列历史事件——尤其是路易·拿破仑于 1851 年发动政变以及于第二年以拿破仑三世之名黄袍加身——而风靡了 15 年。帕斯卡或吉本的奇想则因非常严肃的政治目的而让位给了若弗鲁瓦。若弗鲁瓦本身是拿破仑一世的养子，拿破仑在若弗鲁瓦的父亲于奥斯特里茨战役阵亡后将其置于庇佑之下；若弗鲁瓦本人的全名也并非路易，而是路易–拿破仑。不过，该书的魅力与影响依旧从 19 世纪一直持续到 20 世纪，并且不时被再版出来以提醒法国人那些本可能发生的事情，甚至在 1937 年，作家罗伯特·阿龙（Robert Aron）还执笔进行了反驳。在他的描述中，拿破仑赢得了滑铁卢战役，但认为战争与征服是不义之事，于是退位并自愿将自己流放至圣赫勒拿岛，展示了其“内心的伟大”与“对必然性的洞见”。

显然，若弗鲁瓦的描写是在最大尺度上进行的一种主观幻想，是一厢情愿。其作品所运用的方法前提在 20 年后，也就是 1857 年，被哲学家查尔斯·勒努维耶（Charles Renouvier）在一系列文章中采用并系统化，该系列文章随后被出版成书。勒努维耶为该书起名为《乌托时》（*Uchronie*），从此为法国人和德国人所熟知。“勒努维耶虚构出了一段乌托时，一段空想的过去时间。他不按照历史的原样去写，而是写历史本该成为的样子。”如果勒努维耶用“可能成为”取代“本该成为”，可能会显得更诚实一些。他本人的写作方法带有很明显的政治色彩。他运用图表的形式阐释其方法，图中展示了一系列历史阶段，但其起点时刻却是假想的历史，是从真实的历史中脱轨而来的，亦即用一个时间分裂点阐释历史的最初脱轨。然而，历史的假想轨迹是一条单行线，它将故事毫无偏转地引向想象的未来，而历史的实际轨迹却分裂成众多的短线，也都各有自己的终点，只有当这些短线被引回想象的主线时，它们之间才能被联系起来。关键在于想象轨迹脱离事实的角度，勒努维耶称这取决于作者各自的写作目的。对于勒努维耶来说，他是想通过一段虚构历史来唤起自由意识，从而推动自由进程的发展，他参照政治宽容原则，从罗马时代开始记载宗教发展史。

他首先描写了最初的情形。在涉及罗马人难以容忍犹太教时，他以 19 世纪中叶法国反犹主义者的典型口吻，称犹太人为梦想“统治世界”的宗教极端分子；他同时描写了罗马人对早期基督教的难以容忍。在这之后，他便进入了历史的最初脱轨：他让马可·奥勒留被人错误地宣告在一场战斗中死去，因此卡修斯这位罗马共和国的拥护者得以即位，成为新的皇帝。随后，卡修斯与复位后的马可·奥勒留联手，发动了一场革新运动，建立了自由农民制度而非奴隶制度，在历经了诸多的曲折与坎坷之后，最终带领这个西方帝国建立了基于家庭守护神之上的国家宗教，并对其他宗教采取宽容原则。狂热的东正教在东部大获全胜，从而引发十字军远征，但其所针对的目标却并非耶路撒冷而是罗马。罗马的居民是一支 40 万人的军队，他们对东部十字军深恶痛绝，企图改变信仰，皈依他们心目中真正的耶稣教义，好在双方开战才没有实现这样的皈依。在东方，由于不容异说，政治陷入一片混乱，最终被蛮族打败；西方帝国则因主张宽容的斯多葛学派，而在高卢人、不列颠人、西班牙人以及其他民族纷纷宣告独立后依旧存活了下来，而那些民族也并未被宗教冲突所妨碍，建立了欧洲独立国家联盟。同样，在东方，大获全胜的蛮族重新引入了基督教，但经过了改革，没有忏悔室，没有惩戒所，没有修道院，总而言之没有任何天主教或东正教的标志。科学与学术在各地繁荣发展，勒努维耶以呼吁人性结尾，旨在构建一个拥有国际法庭的国际联盟。勒努维耶通过一系列附录将这个结局圆满的故事和天主教长期以来毫无人性的掠夺形成对比，揭示出了理想历史与真实历史之间的鲜明反差。在他看来，真实的历史唯有在理想的历史映照下才富有意义。实际上，这本书是根据一本旧的手稿翻译而来的，原手稿由一个遭到迫害的不信奉国教的家庭所保存，他们想以此提醒自己：情形本可能是不同的，本可以很轻易变得更好。

然而，无论是迪斯雷利发表在一本无名期刊上的短文（那期刊甚至在英格兰都没有出现过），还是若弗鲁瓦关于拿破仑那鼓舞人心的幻想（尽管只在部分法国读者中大受欢迎），或是勒努维耶那十分深奥而又被人热烈讨论的反教权主义哲学专著，都没有开启人们对历史另一种进程的推测这一风潮。该类型的文稿只是偶见发表，像英国历史学家G · M · 特里维廉（G. M. Trevelyan）的《如果拿破仑当初打赢了滑铁卢战役》一文就是为参加《威斯敏斯特公报》（*Westminster Gazette*）在1907年所举办的一场比赛而写的。特里维廉从维克多 · 雨果的猜想中获得启发，他认为，如果拿破仑当初真的赢得了滑铁卢战役，那么英国或许会被迫与其媾和，而在食古不化的卡斯尔雷子爵（Lord Castlereagh）的领导下，经济和社会条件也都可能江河日下（就算有大诗人拜伦领导劳动人民发动反抗，结果也只能以遭到镇压告终，而这位高尚的诗人则将被处以极刑）。英国自由党将会逃到拉丁美洲，在那里建立起一个反动的英国政府，并与西班牙联合作战以保留西班牙殖民地；而在欧洲大陆，尽管受到拿破仑的影响，法国的旧制度仍然会多多少少地以从前未改革时的愚民形式持续下去。拿破仑则并没有发起对世界的征服，面对受尽了绵延20余年的战火之苦的法国（或准确地说是整个欧洲），他觉得是时候停止征战了，于是停息下来度过了安定的老年时期。在这种背景下，拿破仑最后在计划发动统一意大利的新一轮战争的过程中去世，而这次战争也终未爆发。特里维廉热衷于意大利的统一，他曾以三大卷来写意大利建国英雄朱塞佩·加里波第（Giuseppe Garibaldi），同时，他在政治上是坚定的自由派，有一部分辉格传统，他的伯祖父麦考利勋爵（Lord Macaulay）也是这一传统的一员，是1832年扩大投票权最有力的倡导人之一。在构想拿破仑取得滑铁卢战役的胜利后，他在接下来的叙述中并没有进行积极猜想，反而写成了一个消极的故事，描写出情况原本可能演变得有多恶劣，借此暗示，尽管滑铁卢战役在英国掀起了一场暂时的政治镇压并造成了经济困难，但因此摧毁了法兰西皇帝的暴政，为19世纪自由主义的多次胜利奠定了基础。当然，实际上特里维廉也非常清楚，这些故事的说服力并不强，因为就算1815年威灵顿带领的大军战败了，也并非意味着战争的结束；同盟军可能会再次集结起来战斗并获取最终的胜利；毕竟，在这次战争中，同盟军所拥有的物资和人力都要远远超过资源殆尽的法兰西。因此，特里维廉的这个故事同样是一个主要由政治动机与政治信仰所促成的虚构历史版本。

但是，这种文章的娱乐性功能绝没有消失。1932年，第一部该题材文集面世，由约翰·科林斯·斯夸尔爵士（Sir John Collings Squire）编辑，名为《假如历史是那样发生的》（*If It Had Happened Otherwise*），其中就收录了特里维廉那篇关于滑铁卢的作品。斯夸尔是一位文学批评家和诗人，骄傲自负而又思想老旧，曾在20世纪30年代支持英国的法西斯联盟，并顽固不化地与现代主义文学为敌。他喜欢将自己塑造为喝着啤酒、喜爱打板球的英国绅士形象，以此来保持他与其姓氏的相称性[①]——的确，弗吉尼亚·伍尔夫和布鲁姆斯伯里团体（Bloomsbury Group）曾习惯于将斯夸尔和他的小团体称为“绅士派”（squirearchy），他发表的许多作品也都较为轻松幽默。在他出版的多本书中，属于这种类型的就有《假如历史是那样发生的》，该书的美国版叫《如果：重写的历史》（*If: Or History Rewritten*）。书中所选文章的作者大都为文人（没有女性作家）。其中许多作者改写历史进程只是为了娱乐和获得某些效果：通俗史学家菲利普·圭达拉（Philip Guedalla）就饶有兴趣地想象过，如果1492年摩尔人未能被驱逐出西班牙，那么伊斯兰教在欧洲的地位又将是怎样的？而外交家哈罗德·尼科尔森（Harold Nicolson）则构想了拜伦当上希腊国王的情景。雷诺·纳克斯主教（Monsignor Ronald Knox）的文章则更加具有政治色彩，他描绘了1926年全国总罢工胜利后英国可能呈现的可怕景象：在联合工会及左翼社会主义分子的统治下，整个英国都可能变得如同苏联那样，教育自由与言论自由遭到镇压，政府掌控着国家的一切。这便是反乌托邦版本历史猜想的

① 斯夸尔（Squire）一词有“绅士”的意思。——编者注

又一个例子，正如多年前特里维廉所写的那样。

不过，很大一部分文章作者都借此次斯夸尔出版文集的机会，以最为怀旧的方式沉浸在一厢情愿的假想中。G·K·切斯特顿（G. K. Chesterton）在《小小文学幻想》（*Little Literary Fancy*）一文中猜想了如果奥地利的唐·约翰（Don John of Australia）迎娶了苏格兰女王玛丽将会发生的情形——换言之，英格兰有可能也和作者一样，依旧信奉天主教（那样英国和欧洲的发展速度就会更快）。法国作家安德烈·莫洛亚（André Maurois）认为，如果路易十六更加果敢地采取行动避免了法国大革命的爆发，法国就可能成为像英国那样的君主立宪制国家。德国通俗史学家及传记作家埃米尔·路德维希（Emil Ludwig）猜想，如果有自由主义倾向的德意志皇帝腓特烈三世没有在 1888 年即位数月后就死于癌症，德国就可能变为议会民主制政体，而非继续是一个独裁国家，也就不会在 1914 年挑起“一战”，不会给德国自身、欧洲乃至世界都造成如此深重的灾难。查尔斯·皮特里爵士（Sir Charles Petrie）是一位保守派历史学家，与英国法西斯主义走得比较近（尽管他一直都反对纳粹主义），他之前发表的文章中的一个章节也被收录在斯夸尔的文集中，说的是如果英俊王子查理（Bonnie Prince Charlie）在1745年从汉诺威王朝手中成功夺取王位，那么英国将获得更好的发展，尤其在文学与文化领域。温斯顿·丘吉尔则认为，如果当年李将军赢得了葛底斯堡战役的胜利，那么最终结果将是英语民族的结合，丘吉尔自身便是这一结合的代表，他父亲是英国人而母亲是美国人。对历史选择了错误进程而产生的怀旧与遗憾情绪弥漫在书中的大量文章里，这些已不仅仅是单纯的文学消遣。这便是历史的“假如”版本的典型特征，这一特征在许多年后还会加倍地一再重现。

显然，这些历史幻想大部分都容易受到挑战；至于这些作品所蕴藏的隐喻，若要从完全不同于其作者所猜想的走向去加以推演，也并非什么难事。菲利普·圭达拉所想象的伊斯兰教的欧洲世界（吉本和迪斯雷利曾探讨过该主题，这一点我们在前文中已经看到）将好战的法国天主教排除了出去，这些法国天主教徒有可能在教皇的号召下，发动新一轮的十字军远征，去攻打获胜的西班牙摩尔人。在试图控制派系林立而又纷争不断的希腊人方面，大诗人拜伦可能比真正的希腊君主、后来成为倒霉的奥托王的维特尔斯巴赫王子（Wittelsbach）也幸运不到哪里去。在1926年上演了总罢工的英国工会都是些温和的实用主义者，一提到“苏维埃英格兰”这个想法也可能会像雷诺·纳克斯主教那样感觉惊恐万分。苏格兰女王玛丽与奥地利的唐·约翰的婚姻也无法使这位苏格兰女王更坚定，或更理智，或更有能力地去控制那些新教徒，而这位奥地利王子也无疑将会被排挤出英国政坛，正如腓力二世迎娶英格兰女王玛丽一世的情形一样。法国路易十六和其他家族成员中的任何一个人，都从未表现出丝毫的成为立宪制君主的倾向，一旦能力达到，他们都会恢复专制体制。德国的腓特烈三世原是自由党人士这一说法，也在最近的传记里被证实为纯属神话，他完全就是残忍而肆意妄为的俾斯麦手中的软面团，一个受人摆布的软弱角色。英俊王子查理在后人看来可能是个充满浪漫色彩的人物，然而他却太过软弱、毫无主见，就算坐上王位也不可能大有作为。而美国在19世纪60年代就已经十分强大而独立，就算有个成功的南方邦联也不可能产生与英格兰建立联盟的想法。毫无疑问，这些文章的目的并非在于让人信服，而仅仅是为了愉悦，只不过以臆想的方式而已。但已经很明显的是，历史学家们必须比斯夸尔文集中的那些作者更加谨慎，如果他们想要尽可能地让读者信服，就得为那些想象的故事设置更加具有说服力的条件。

从某种意义上说，斯夸尔的文集反映着英国政治的各种变数和焦虑。在20世纪20年代末至30年代初，没有任何一个党派能在议会获得多数席位，很多政治家，包括奥斯瓦尔德·莫斯利（Oswald Mosley）和温斯顿·丘吉尔，都能轻而易举地从一个政党转向另一个政党。随着纳粹主义的兴起，英国政治与欧洲政治的轮廓越加清晰，各种各样的臆想才逐渐消失。在随后的几年中，反事实的文章依旧不时出现，有较为严肃的，也有不太严肃的。阿诺德·汤因比（Arnold Toynbee）的《历史研究》（*A Study of History*）是一部堪称鸿篇巨制的多卷本著作，里面收录了一些类似反事实历史的推测性文章，沿着吉本的思路，不但讨论了如果查理·马特没有击败摩尔人法国可能会是什么样，而且对维京人全面征服欧洲的后果进行了想象。1953年，美国作家约瑟夫·沃德·穆尔（Joseph Ward Moore）发表了小说《引达大赦之年》（*Bring the Jubilee*，又名《把银禧带来》），以20世纪中叶为背景，以一个世纪之前美国南北战争时期李将军在葛底斯堡战役中大获全胜为开始（小说从美国南北战争这一时间点开始偏离历史轨道，进行反事实描写）。小说中，胜利后的南方邦联占领了南美和太平洋大部分地区，但是德国赢得了“一战”并成为一个敌对的超级大国。美国废除了奴隶制，但技术变革则发展迟缓，没有飞机，没有灯泡，没有汽车，也没有电话。一方面是南方邦联的兴盛，另一方面则是美国被逼进了一个相对较小的北美地区，还陷入贫穷与种族暴力之中。作者的意图在于颠覆真实历史的标志性事件以营造讽刺效果，而并非要设置一个让人信服的反事实场景；并且小说还有明显的科幻特征：作品中的英雄发现了时光倒流的方法（当然是不可能的，因为作者已经预设了一个科技落后的背景），目睹了葛底斯堡战役，无意间改变战争的进程，以至于李将军最后战败，从而将时间轴移回到我们所经历过的真正历史，即北方军队战胜了南方邦联，随后的一切也都是真实发生过的。简单地说，小说中的英雄被困在了他所创造的历史中，因为他所来自的那个世界已悄无痕迹地消失了。

尽管这类题材从未引领主流，但在 20 世纪 60 年代和

70 年代的各类杂志期刊中也能偶尔找到此类文章，都是一些专业历史学家在各自研究领域内进行的猜想。1961 年，美国记者威廉 · 夏伊勒（William L. Shirer），同时也是畅销书《第三帝国的兴亡》（*The Rise and Fall of the Third Reich*）的作者，发表了短文《如果希特勒在“二战”中获胜》，文中将后果描述为纳粹占领了美国并在国内开启犹太人大屠杀。文章旨在考验并唤起美国人对邪恶的纳粹党的记忆，因而讲述了在耶路撒冷举行的对阿道夫 · 艾希曼（Adolf Eichmann）的审判。阿道夫 · 艾希曼是纳粹高官，也是欧洲犹太人大屠杀的主要负责人，对他的审判再度勾起大众对纳粹所犯下的真实罪行的回忆。夏伊勒是一位新闻记者，20 世纪 30 年代就在德国目睹过纳粹的排犹暴行。他一开始就明白，希特勒享有广大普通德国民众的强力支持，所以他不希望纳粹的这段历史被人遗忘，尤其是在冷战时期，在联邦德国与美国建立友好关系的背景下。学术方面的其他成果还有：1976 年英国历史学家杰弗里 · 帕克就反事实叙事法发表了一篇更为严肃的文章，简要分析了如果 1588 年西班牙无敌舰队成功登陆英格兰可能带来的后果：西班牙腓力二世将会占领英格兰并恢复天主教，还会通过控制英国丰富的经济资源实现其称霸全球的野心，甚至可能使反宗教改革在德国取得胜利并在北美建立起西班牙的统治。

40年后，帕克带着一本文集再次回归到反事实叙事法研究，这一次他更为系统地阐释了这种猜想方法。他的文章以及其前后许多文集都表现了反事实的一个特点：这种历史性猜想总是选择以论文形式呈现，且通常十分简短。由于缺乏实证材料，历史学家们很快便有了力不从心之感。而更为详尽的反事实猜想则大部分采用了小说的形式。其中尤为重要的反事实小说成果是1975年面世的意大利作家圭多·莫尔塞利（Guido Morselli）所写的《过去条件式：回顾性假说》（*Past Conditional: A Retrospective Hypothesis*）。该书融合了小说技巧、编年体以及历史叙述，构想了1916年一支奥地利军队通过潜埋于阿尔卑斯山脉下的一条秘密通道，对意大利北部发动了一场出其不意的侵略。他们随后又深入法国的南部，从而打破了“一战”陷入僵局后的世界。与此同时，一支英国突击队则劫持了德意志皇帝，后者妄自尊大地提出用8万英国战俘交换自己的性命，这在德国激起愤慨，德意志帝国首相贝特曼·赫维希（Betamann Hollweg）被迫辞职，由自由派政治家瓦尔特·拉特瑙（Walter Rathenau）取而代之。随后，德国陆军突破了同盟国军队的西部防线，德国海军在北海摧毁了英国海军，最终拉特瑙与同盟国军队达成了停战协定。出人意料的是，拉特瑙在停战协定上并未提出领土要求，而是提议建立一个以社会主义为基础的欧洲邦联，但此举遭到国内反对，拉特瑙在反犹示威游行期间的一场政变中被罢免，由兴登堡（Hindenburg）取代。这位陆军元帅对反抗运动四起的战败国采取强硬管控，随后却被欧洲工会掀起的一场总罢工拉下台，拉特瑙复位，并最终建立社会主义的欧洲邦联。

莫尔塞利付出了一系列极大的努力，从真实的历史战争事件中谨慎提取研究细节，并将之呈现出来。他仅在时间轴上进行微调，因而1920年发生的卡普政变（柏林右翼政变，因一场总罢工而失败）在时间上前移，被交到了兴登堡手上。作者对意大利和西线取得军事突破前的一系列实况战事进行了细致的描写，这些内容则取自历史文献。但文中为增强效果而被改动的历史事实太多，且太过于随心所欲，因此也难以具有说服力。横贯阿尔卑斯山脉的秘密通道本身就是一个足够大胆的假设，而且这也绝不意味着如莫尔塞利所描写的那样会给奥地利军队带来决定性的优势；这已经不再是改动后的历史环境，而是纯粹的虚构。更有甚者，劫持德意志皇帝这一事件使整个情节都变成了明显的幻想。瓦尔特·拉特瑙的确对欧洲经济统一和一个中央领导下的经济体抱有信念，但也绝不是想建立一个社会主义国家，他是一个极其富有的商人，政治上属于自由派；而认为他想要试图建立一个与欧洲经济联盟相悖的政治制度这一想法，也再次超出了合理性的极限。说到底，这本书既非十足的反事实历史描述，也非纯粹的反事实虚构小说。总而言之，它只是一个基于主观愿望的美好幻想罢了。莫尔塞利对战争的反事实描写仿效了勒努维耶，不仅以怀旧的乌托邦的形式将更改后的历史呈现出来，甚至同样是以国际联盟这一愿景的实现作为结局。唯一不同之处在于：在莫尔塞利所写的时间里，这样一个国际性组织是真实存在的，虽然并非真的建立在社会主义基础之上。

随后一年，独裁者弗朗西斯科·佛朗哥之死使得所谓“谨慎解放”（cautious liberation）开始蔓延整个西班牙，正是在这样的气氛中，加泰罗尼亚作者维克托·阿尔巴

（Victor Alba）出版了《1936~1976 年：西班牙第二共和国历史》（*1936–1976: History of the Second Spanish Republic*）一书，描述了西班牙内战后 40 年的情形。在他的书中，内战就像没有发生一样，尽管实际中的第二共和国在这一时期正经历着其最后的危机。在他的笔下，政府非但没有沦为糟糕的军事政变的牺牲品，从而引发共和党人与民族主义者之间长达三年的敌对冲突，反而在卡萨雷斯·基罗加（Casares Quiroga）的带领下抓获了反叛者，迫使佛朗哥及其将军同僚们提前退休，并通过将近 1/3 的经济国有化而成功地安抚了左翼势力。这段被篡改的历史，就其出发点而言，有赖于将基罗加塑造为一个坚定而果敢的政治领袖，而不是他原本的样子（实际中的他优柔寡断，并在之后辞职）。同若弗鲁瓦一样，阿尔巴在小说中安排进了真实历史的影子，并一直以来以无序的想象方式将其呈现出来。故事中出现了很多真实人物，其中就包括佛朗哥，1940 年德军和意军侵略西班牙时，他恢复了陆军总参谋长一职，他将共和党视作法兰西共和国的重要同盟军。格尔尼卡（Guernica）也如历史记载中那样遭到了德军的轰炸；诗人洛尔卡（Lorca）被人谋杀；内战中的很多事件被转写为西班牙与轴心国之间的冲突。而1989年费尔南多·比斯凯诺·卡萨斯（Fernando Vizcaíno Casas）发表的《红军赢得战争》（*The Reds Won the War*）则回刺了这一具有共和派倾向的美好幻想。阿尔巴煞费苦心地以学术研究作为自己作品的基础，而比斯凯诺这位极右翼的佛朗哥主义者，则把民族主义者描写成共产党分子或共产党的工具，他有着极强的针对性，在没有证实所用证据的情况下，夸大了共和派所屠杀的民族主义者囚犯的数量，同时对自己所在阵营所犯下的暴行轻描淡写或干脆忽略，还诋毁共和党领导人，指责他们是杀人犯。他只顾着沉浸在这种带有明显扭曲性质的描写中，却在不知不觉中削弱了作品的合理性，甚至激起了反对者更加极端而强辩的反幻想叙事，比如佛朗哥便在这种叙事的一开始就被人抛弃在人粪池里淹死。内战及随后而来的数十年的独裁统治所激发出的情绪，在佛朗哥死后的西班牙反事实叙事中得到了应有的表现，战争重新来过，辛辣的讽刺更加明显。

像这样深重的政治危机和政治分裂，有时还可能会滋生出更加铤而走险的反事实版本。1972年，在越南战争造成的政治动荡期间，美国历史学家芭芭拉·塔奇曼

（Barbara Tuchman）就有过这样的幻想：毛泽东与周恩来在 1945 年 1 月致信富兰克林 · D · 罗斯福总统，主动提出前往白宫，就在中国进行的战争事宜进行商讨，尤其是中国共产党军队与美国支持的蒋介石国民党军队之间的冲突。这封虚构的信被塔奇曼发表在《外交》（*Foreign Affairs*）杂志上，还随信附上一篇文章，认为如果美国同意了这个提议，则可能出现这样的情形：美国可能被说服不再支持国民党，毛泽东则被说服不再以美国为敌，“从而朝鲜战争也可能不会爆发，一切痛苦的后果也可因此避免……我们也不会参加越南战争”。但大好的机会却溜掉了，按她的推断，这是当时的美国驻华大使从中作梗所致。不过，这种场景的现实性最终还是受到了质疑，尤其那时美国对共产主义早已恨之入骨，因此和毛泽东结盟对抗蒋介石是毫无可能性的。

而在英格兰，情况却截然相反。斯夸尔那略显零碎的文集在很长一段时间内保持着其地位。毫无疑问，E · H · 卡尔在贬低此类猜想，认为其只不过是一个室内游戏时，他脑海中浮现的正是《假如历史是那样发生的》中所收录的那些文章。突破这种局限的努力是在 1979 年由丹尼尔·斯诺曼（Daniel Snowman）做出的。斯诺曼是一位通俗历史学家，也是一位作家和BBC广播公司的播音员，发表过大量颇有建树、令人称道的历史文章。在出版的文集《假如我曾……10个历史幻想故事》（*If I Had Been...Ten Historical Fantasies*，伦敦，1979）的序言里，斯诺曼毫不隐讳地指出，在类似斯夸尔那样的猜想性历史文章中，“对‘假如’的允许程度没有进行规定，其结果便是任凭心情、天马行空的猜想”。斯诺曼借助了10位专业历史学家的力量，努力降低斯夸尔文集中的大量文章都曾出现的那种明显的主观专断，他要求那些文章的作者：

> 要呈现严格而可靠的历史背景，要对文章所涉及的人物和场景加以力所能及的准确重塑。不应该有预料之外的扭转乾坤之力（deus ex machina），不应该有虚构的暗杀行动，不应该有戏剧性的命运干预，为想象插上人为的翅膀。不仅如此，我们的作者都理应着眼于历史的真实时刻，着眼于当时所做下的决定，而对接下来可能或不可能发生什么的猜测应放在第二位。以此观之，文集中的那些“假如”都是在历史事实所

> 慎重限定的框架内发生的。所做出的改变只是每篇文章的中心人物都做出了一个略微不同于真正历史，但又完全合乎情理的决定。

这里，斯诺曼提出了一个重要的限制性因素，从而有效地限定了猜测的可行限度。最后，他让每位作者通过思考彼此的文章之间的关系进行总结（所有作家依然均为男性）。这样的做法使得他的文集具有了一种整体性，并在其他几部作品中也有体现。

不过，问题依然是存在的。首先，正如斯诺曼所意识到的，是筛选“伟人”的问题（这些伟人也均为男性），这本身就表明历史是由伟人所创造的，其他力量的贡献则微乎其微，甚至可忽略不计，而这是无法令人信服的，因为众多历史学家都可以指出其他非人为因素的作用，这些因素有时甚至可代替人的作用。自然，正如他所承认的那样，“只有蠢人或不可救药的浪漫主义者才会将历史的重要进程统统归功于那几个领导者”。话虽这样说，他最后还是没有直面问题，而是选择了回避，只是简单地评论说文集中的那些文章“并非旨在以这样或那样的方式去暗示‘伟人’

们在历史中所扮演的角色，而只是提供一些史料，为持续不断的争论提供参考”。也许更有趣的一点是，斯诺曼开始谈论自由意愿和决定论，他指出事情在发生的当下总是模糊不定的，或至少看上去是这样，我们面临着众多具有可能性的行动方案；但我们只能在发生之后才开始去找寻做出这样选择的主要原因。然而，这样也并未让问题得到解决，或许正是出于这样的原因，他才要求那些作者在如此谨慎而狭窄的条件限定下去想象着做一个不同的选择。

然而，如尼尔·弗格森曾指出的那样，更为严重的是，斯诺曼的整部文集都落入了一厢情愿的陷阱之中。如果让历史学家们身处某位重要历史人物的位置去思考，没有人会说他能表现得那样敏锐、聪颖或勇敢。所有描写的关键都是让人物变得更加完美，让他避免犯下历史上曾经出现的错误，让他从历史上倒下的地方站起来获得胜利。因此，在这些文章当中，罗杰·汤普森（Rogen Thompson）化身为谢尔本伯爵（Earl of Shelburne），阻止了美国的独立；埃斯蒙德·赖特（Esmond Wright）则化身为本杰明·富兰克林，防止了其同时代的美国人将不满演变为革命；而彼得·卡尔弗特（Peter Calvert）也化身为贝尼托·华雷斯

（Benito Juárez），拯救了马克西米利安这位法兰西强加给墨西哥人的皇帝，并为那片纷乱之地带来数十年的安宁；还有莫里斯·皮尔顿（Maurice Pearton），化身为阿道夫·梯也尔（Adolphe Thiers），阻止了1870~1871年的普法战争；欧文·达德利·爱德华兹（Owen Dudley Edwards），化身为格莱斯顿（Gladstone），成功地解决爱尔兰问题；哈罗德·舒曼（Harold Shukman），化身为自由民主党成员亚历山大·克伦斯基（Alexander Kerensky），亦即1917年俄国二月革命推翻沙皇之后几个月内的临时政府总理，阻止了布尔什维克的上台掌权；路易斯·艾伦（Louis Allen），化身为日本武装领导人东条英机，避免了发动对珍珠港的轰炸；罗杰·摩根（Roger Morgan），化身为联邦德国总理康拉德·阿登纳（Konrad Adenauer），在1952年斯大林发表演讲之后重新统一德国；菲利普·温莎（Philip Windsor），化身为亚历山大·杜布切克（Alexander Dubček），成功杜绝了华沙条约组织干预，虽然在真实的历史中，1968年的华沙条约组织推翻了他在捷克斯洛伐克建立的自由共产主义政体；哈罗德·布莱克莫尔（Harold Blakemore），化身为萨尔瓦多·阿连德（Salvador Allende），阻止了一场军事政变，在 1972~1973 年间使智利保持了其社会主义政府。

在斯诺曼的文集中，那些历史学家们都做了同一件事，那便是所有历史学家永远不该做的一件事：他们在教育已经作古的伟人怎么样才能做得更好。难道我们真的认为自己可以避免他们曾经犯下的错误？当然，我们很容易生出这样的想法，但是我们应该去克服。正如伊恩 · 克肖（Ian Kershaw）在关于德国普通民众对纳粹独裁态度的研究当中所说的那样："我会想，如果我身处当时，我会是地下抵抗运动中一名坚定的反纳粹人士。但是，我清楚地知道我那时会深感困惑与无助，正如我笔下的大部分德国民众一样。"我们只能去想象自己可以比过去的那些人做得更好，因为我们可以大肆发表后见之明，而且关键的是，我们是一群不同于过去的人，有着不同的观点、不同的想法、不同的决策方式。斯诺曼无疑也意识到了这个问题，因此他坚称，经过作者加工过后的历史人物的表现必须与我们从历史实证中所认识的身份相符合。但正如他所坦言的那样，这也不能完全回避作者们扮演死去已久的历史人物角色的问题。实际看来，这些历史学家们所做的是按自己的希望将笔下的人物进行人格转变：克伦斯基变得更加果断，斯大林在1952年建议德国重新统一的文件上表达得更加真诚，阿连德不再那样糊涂而困惑，东条英机不再那样挑衅好斗，马克西米利安不再那样无助，梯也尔则更具洞察力。如果要让这些巧妙的表现手法起作用，势必违背斯诺曼所坚持的尊重人物个性的要求，正如其文集中的作者所做的那样。

比这些考虑更为重要的是，尽管是以讨论历史的其他可能性为背景，但除极少数例外，作者们几乎很少或根本没有提及做下这些不同决定后会产生的结果。就算有过考虑，他们所进行的后续猜测也都非常简短，最多就是一些试探性的讨论。谢尔本避免了美国独立，使伊丽莎白二世在两年后统治了美国；墨西哥皇帝马克西米利安所取得的胜利在长远看来作用微乎其微，因为之后又发生了一系列政变和独裁统治，虽然作者也讨论到了一些可能的情形：1911年的墨西哥革命可能不会发生，因此美国也可能不会介入“一战”，而如果1870年的普法战争没有爆发，那么“一战”也同样可以避免。但是中间的几年却留出了空白，结果是这之间本将发生的事件或本该取得的发展也统统没有被考虑到。事实上，归根结底，这些长远的后续猜想不是作者们最感兴趣的，他们只密切着眼于所要求的主要任务，即仔细分析每个历史决定，将自己置身于特定的历史角色去探究他们当时所处的历史背景。另外，这些猜想为政客们带来了巨大的想象力量，以回顾历史的方式为他们提供方法，用以反抗或推翻他们所面临的诸多历史力量。

亚历山大·德曼特（Alexander Demandt）是德国古罗马历史研究专家，他在1984年出版的反事实叙事法研究文集却非常不同。他在简短的专题论文《从未发生过的历史》（*History that Never Happened*）中表示："这些文献讨论了历史中的其他可能，从而揭示出那些可以轻易改变历史进程的重大事件。"这样的说法显得相当老套，而且存在问题，因为这些文献对于讨论所要揭示的事件其实并没有太大的必要。德曼特举出的15个例子涵盖了一些熟悉的猜想话题，例如723年（一个以早期科学知识进步为标志的欧洲和平年代）查理·马特战败，1588年（当时英格兰为天主教，大概因腓力二世废黜阿尔巴公爵并宣布宗教容忍政策而变得自由）西班牙无敌舰队获胜，以及1914年（没有"一战"和"二战"）弗朗茨·斐迪南大公没有遭到暗杀。因此，德曼特和其他反事实主义者一样，也都倾向于一厢情愿。尽管如此，他毕竟提出了大量的核心问题，可供该主题的学者们进行思索，比如他认为“脱离事实的可能性猜测是不可能的”“事件要不同程度地进行预定”“不可能的事件都是独立存在的”；换句话讲，他提出了这样的问题：反事实猜想究竟能够走多远？应该以怎样的方式对其加以控制或限定？他说得很对，“历史假想必须交由实证合理性进行检验。衡量非真实的标准就是真实本身”。

德曼特的论文为该主题带来了德国式的严谨思维，但是英美式的轻率却很快就再次浮出了水面。那是一本部头并不大的书，共有21篇文章，虽然出自不同作者之手，但大多数作者都是英国和美国的专业历史学家。该书于1985年由法国历史专家、耶鲁大学教授约翰·梅里曼（John Merriman）编辑，被命名为《缺少一匹马：历史中的选择与机遇》（*For Want of a Horse: Choice and Chance in History*）（该书名借用了莎士比亚《理查三世》的最后一段内容：理查国王因未能找到一匹马骑上逃跑而在战争中被杀，英格兰中世纪就此结束，都铎王朝登上了历史舞台）。封面的广告语为“幽默式猜想”，文集中包含了对众多话题的简要讨论，其中包括鸽子对于法国，罗宋汤和甜菜根汤对于俄罗斯的意义，以及谈论厄运（比如斯图亚特人遭受了出奇多的厄运）、机遇与意外（比如1914年斐迪南大公的汽车在萨拉热窝错误地掉了头，结果导致被刺杀）。实际上，只有5篇文章在真正进行猜想，因为它们主要集中在讨论事件发生的其他可能性上，而非只是叙述事件本身，并强调机遇与意外对扭转事态所起的作用。

还有一些娱乐性文章猜测过：年轻时的菲德尔·卡斯特罗是个颇有天赋的棒球手，如果纽约巨人队找他签约而他也接受了邀请，他的人生又将怎样书写（没有古巴革命），或伏尔泰定居在了宾夕法尼亚（他就能为美国独立战争提供思路），或美国土著女孩宝嘉康蒂没有拯救开拓者约翰·史密斯（弗吉尼亚州就将失利，从此就没有美国革命，也没有美国南北战争），或南方邦联在南北战争中取胜（“南方礼仪”就将扣在联邦的头上），或詹姆斯二世在1688年大获全胜（英格兰就将再次恢复天主教），或哈钦森总督设法阻止了波士顿茶党（美国将变为“另一个加拿大”）。然而，正像该书的编辑所说的，所有这些的出发点都是重新将“娱乐性和幽默感”引入历史写作，仅此而已。从细微事件中引申出一系列影响巨大的后果，是构成乐趣的一个组成部分。同样，在许多例子中，几乎所有超人的力量都被赋予在了个体行为者的身上：我们真的认为英格兰的詹姆斯二世有能力让国内占绝对多数的新教徒都皈依天主教，并且还要求人格也同时皈依吗？我们真的认为如果菲德尔·卡斯特罗成为一名专业棒球手，他就将忘记自己的政治抱负吗？

浮夸和奇想正是历史猜想一直未被历史学家甚至一些该领域的推进者严肃对待的两个主要原因。历史学家们总是将寻找历史真相作为首要任务，而不是去想象历史本可能怎样发生。当前者面临诸多不同程度的挑战时，后者看起来就变得完全不具可能性，因为从核心处说，历史取决于证据法规则，然而后者却很少或近乎没有可适用的规则。历史学家们历来都对猜测这种事持怀疑态度，因此他们通常对"假如"的情形表示反感或不屑一顾。阿维泽尔·塔克（Aviezer Tucker）曾质疑道："除了可以娱乐性地锻炼一下我们的想象力外，史学上的反事实叙事法究竟还有什么意义？"在塔克看来，历史学家只有在"必需"的时候才会含蓄地借用反事实叙事法来说明如果某件事没有发生，那么后果则会有所不同。但他同时也说，通常情况下历史学家不会这样冒险，称某个原因为“必需的”而非“可能的”或“有利的”，如果不是认为其真的行之有效，他们几乎从不会去猜测事件本可能发生的另外情形。

同时，“假如”问题也时常会威胁到历史学家们的工作性质，因为它将所有事情简化为机遇问题。该题材的一些典型例子强调说，微小的原因会导致巨大的事件，比如像帕斯卡猜想的如果埃及艳后的鼻子再短一点儿会发生的情形那样，看上去的确让人觉得有趣。A · J · P · 泰勒（A. J. P. Taylor）便是使用这种方法的最好范例，这一点，无论在他的《战争时间表:“一战”是如何开始的》（*War by Timetable: How the First World War Began*, 1969）中对“一战”爆发的解释，还是他的自传《我的个人历史》（*A Personal History*，1983）中，都可以得到印证。但如果所有事情都出于偶然，那么就不可能解释得通，而且毫无疑问历史学家们整体上也不太愿意承认这一点。受到奚落最多的是H · A · L · 费希尔（H. A. L. Fisher），他在写于20世纪30年代的关于欧洲历史的作品中无奈地总结说“历史学家只有一条安全规则：他理应从人类命运发展中认识到偶然性与不可预见性所发挥的作用”，并且“无法进行总结”。

费希尔的观点遭到了排斥，因为总结与解释一直被大部分历史学家视为自己的主要任务。如果历史学家不对事情进行解释，他们的身份就降低了，他们就成了历史的记录者。

再次如我们已经看到的那样，“假如”问题一般是针对个体的，正像猜测希特勒死得早些或列宁晚一些去世，那么事情将变得如何不同。甚至连E · H · 卡尔也在其晚年打算承认，如果列宁活到了20世纪40年代，那么苏联便有可能避免斯大林的大清洗运动所带来的深重灾难。这是大事件起源于小事件的又一个例子，彰显的是一种天真的信仰，即伟人或至少是大人物具有超历史的力量，而这是早年的卡尔所无法认同的。卡尔关于列宁的猜想可视作他自己的一厢情愿，而这却恰好是他在《历史是什么》中所猛烈抨击的对象。卡尔的例子所揭示的，或许是一种惊人的趋势，是挽救布尔什维克革命的历史声誉及其合法性的愿望，所以才暗示说是斯大林妨碍了布尔什维克革命，并将20世纪30年代的大规模暴力、谋杀、饥荒等，都归罪于单个的人物而非苏联体制本身。他通过强调列宁和斯大林等的个体人物的重要性，来抵制20世纪后半叶随着社会历史以及随后文化历史的兴起而出现的远离“伟人”的历史研究趋势（这一趋势在他写作之前就早已开始出现），这是“假如”问题遭到质疑的另一个原因。

由于上述原因，历史学家们一般都倾向于回避有关历史其他可能性的猜测，而致力于讲述和解释历史事实。伟大的德国历史学家弗里德里希·梅尼克（Friedrich Meinecke）曾经写道：“在史学中，在探讨假设某个特定事件以另外的情形发生，或将某个特定人物从某次行动中排除出去后可能造成怎样的后果这样的问题时，通常会避免给出一个清晰明确的答案。这种考虑是徒劳的，也是毫无益处的。”但是，在过去的几十年中，的确曾出现过转机的迹象。这种转机来自两方面。首先是量化经济史或者叫计量经济史，尤其是美国的罗伯特·福格尔（Robert Fogel），他在其出版的第一部重要作品中就假设了一个他所谓的反事实假说。他建立了一个统计模型，用以说明如果美国的铁路系统没有建成，其经济会是什么样子。这个反事实假设的目的，在于用统计方式反映出铁路系统对美国经济增长的贡献，换句话讲，铁路究竟为美国经济带来了怎样的改变。这是一次统计实践，它的真正企图并非去想象一个没有铁路系统的美国，并非沉浸于对火车头横穿美国大平原之前的美国西部的怀想之中，也并非在说曾有任何铁路系统不会建成的可能性。它与猜测过去的其他可能性根本没有任何关系。这里的“反事实”概念正如其字面之意，也就是利用一个非事实因素去更好地解释事实结果。正因为其所提出的反事实永远不可能成为现实，这种分析模型才有力量。

福格尔的分析本质上是统计实践：将铁路系统出现（而非消失）作为一系列公式的元，而当铁路系统被放进这些公式时，所得出的结果基本相同，他证明了铁路系统并没有对美国经济增长起到那么大的作用。相同的方法在经济史或计量经济史的其他领域也有过运用，不过这样的行为受到了批评，福格尔被指责不应该用这种 19 世纪的脆弱的计算法来进行这些根本无法胜任的复杂的数字密集运算，不应该将铁路系统的修建与经济其他部分联系（或割裂）起来进行一系列没有证实或许也无法证实的猜想。最终，好与不好，计量经济史家们运用反事实都与研究历史中的机遇与偶然性毫无关系，反倒是研究后者恰会运用到前者。这根本就不是一个“假如”的问题，因为它并没有对已发生事实的其他可能性进行设置。在福格尔所反击的那些批判者看来，这种方法甚至还没有得到计量经济学家的广泛接受。

在20世纪90年代以前，对历史的“假如”进行的猜想，基本上只停留在娱乐层面，虽然偶然会出现一些严肃主题，但也不会特别严肃。到20世纪90年代，情形发生了变化。一大批文章突然涌现，这股出版热潮至今也没有消亡。1997年，尼尔·弗格森编辑了文集《虚拟的历史》，体现并助长了人们对该题材的兴趣。还有一个大部头著作几乎同步面世，其所收录的文章全都出自美国历史学家，即《假如联盟倒塌:“二战”的60种可能场景》(*If the Allies Had Fallen: Sixty Alternate Scenarios of World War II*，丹尼斯·E·肖沃特、哈罗德·C·多伊奇编，纽约，1997)。1998年，《军事史季刊》(*Military History Quarterly*)就该主题出版了一个特辑，次年再版时取名《假如呢？世界著名军事史家的历史猜想》(*What If? The World's Foremost Military Historians Imagine What Might Have Been*，纽约，1999)，编辑罗伯特·考利(Robert Cowley)是一位美国军事历史学家，也是《军事史季刊》

的创刊编辑。"世界著名"这几个字在随后的版本中被删除，但考利并没有就此打住，而是接着又出版了两部文集：一是《再假如呢？杰出历史学家的历史猜想》(*More What If? Eminent Historians Imagine What Might Have Been*，纽约，2001)，二是《假如呢？美国：杰出历史学家的历史猜想》(*What If? America: Eminent Historians Imagine What Might Have Been*，纽约，2005)。2004年，安德鲁·罗伯茨（Andrew Roberts）发表了文集《本可能是什么样：杰出史学家的12个"假如"历史猜想》(*What Might Have Been: Leading Historians on Twelve "What Ifs" of History*，伦敦，2004)。两年后，里查德·内德·勒博（Richard Ned Lebow）、杰弗里·帕克、菲利普·泰特洛克三人联合出版了《重塑西方：改写世界史的"假如"设想》(*Unmaking the West: "What-if?" Scenarios that Rewrite World History*，密歇根，2006)。这一切表明，到20世纪末和21世纪初，反事实历史叙事已然在大西洋两岸形成了一种时尚。

这种风尚一直延续至今。就在2006年，还出版了邓肯·布拉克（Duncan Brack）的文集《戈尔总统……以及其他从未发生的事》(*President Gore...and Other*

Things That Never Happened，伦敦，2006），本书是《波蒂略首相……以及其他从未发生的事》（*Prime Minister Portillo...and Other Things That Never Happened*， 伦 敦，2004）的承继之作，而这本书的后续之作则是《鲍里斯首相……以及其他从未发生的事》（*Prime Minister Boris...and Other Things That Never Happened*，伦敦，2011），二者均由邓肯·布拉克和伊恩·戴尔（Iain Dale）共同编辑，而最后这本已经脱离了历史其他可能性猜想题材，步入了更加冒险的未来预测。在所有该题材的作者当中，最多产的一位作家要属已退休的希腊裔美国军人彼得·楚拉斯（Peter Tsouras），迄今为止他已出版 6 部“另类历史”，第一部是 1994 年的《D 日的灾难：德军击败盟军》（*Disaster at D-Day: The Germans Defeat the Allies*），之后的几部分别涉及斯大林格勒战役、冷战、东方之战、葛底斯堡战役，最后是文集《第三帝国的胜利：“二战”的另一种抉择》（*Third Reich Victorious: Alternate Decisions of World War II*，纽约，2002）。通俗史学家多米尼克·桑迪布鲁克（Dominic Sandbrook）于 2010~2011 年间在《新政治家》周刊（*New Statesman*）上发表了一系列文章 ，探讨了英国历史中类似

的其他历史可能性。杰里米·布莱克（Jeremy Black）则撰写了一本专著《假如呢？反事实主义与历史问题》（*What If? Counterfactualism and the Problem of History*，伦敦，2008）。毫无疑问，除了上述所提到的，已经出版的关于该主题的作品还有很多；毫无疑问，将要出版的还会更多，尤其是在英美知识界。

我们该如何解释近来这种反事实历史叙事潮流的出现呢？加夫瑞尔·罗森菲尔德（Gavriel Rosenfeld）在其具有启迪性的《希特勒未曾打赢的那场战争》（*The War Hitler Never Won*）一书中，第一次将其原因归结于曾在19世纪与20世纪主导西方思想的意识形态的衰退与没落。随着法西斯主义、共产主义、社会主义、马克思主义以及其他主义或消失，或演变为更加温和而不那么死板的意识形态——就如有人曾经所说的，当所有“主义”都变为“过去式主义”的时候，目的论消失，而历史成为开放式的，从而为对历史本可能选择某个或多个进程的猜想腾出了空间。也许，类似的，随着天佑论历史的结束，迪斯雷利、若弗鲁瓦和勒努维耶这样的作家得以在19世纪开始思考历史的其他可能性。到20世纪末，进步观连同其意识形态都遭受了沉重打击，未来的确定性甚至可能性都已不存在了。新生的不确定性替代了20世纪60年代的乐观主义，全球变暖、恐怖主义、传染病、宗教极端主义以及众多其他威胁，都造成了大范围的迷失感和焦虑感。对可知未来渐生的怀疑鼓励了人们对过去历史本可能发生的历程进行猜想，因为过去似乎也成了可变的。

伴随这些总体性的文化变迁，后现代主义出现了，它怀疑真实历史知识的可能性，将过去与现在、真实与虚构之间的界线模糊化，并对时间的线性概念进行质疑。后现代主义恢复了对历史学家主观性的信任而削弱了科学研究，因为客观性是20世纪70年代的历史学家的典型特点。英国历史学家、工党议员特里斯特拉姆·亨特（Tristram Hunt）在2004年就曾抱怨说，随着严谨的社会历史被移情文化史所代替，“这个充满偶然性和讽刺的后现代世界所给我们的，便是一系列自传语录，每份语录都和其他语录一样正确。每一种历史都和另一种历史一样好，而事实、反事实和虚构的界线则变得模糊不清。所有的历史都是‘假如’的历史”。数字革命使我们能随心所欲地运用过去的摄影记录创造出各类电影，然而在大部分电影中，我们所看到的都是电脑合成的影像，而非真实历史的呈现，虚拟空间带领我们认识了另一种现实，在那里我们所遇到的人并不一定与他们看起来的样子相符。如今，许多人对中世纪欧洲的了解，都主要是从诸如电视剧《权力的游戏》（*Game of Thrones*）或者电影《魔戒》（*The Lord of the Rings*）这样的奇幻影像中获得的。在影视作品中，历史被以娱乐资讯的形式呈现，在这种形式下，“基于真实故事的”戏剧性纪录片所播出的频率，远远高于那些不那么有趣、不掺进虚构进行点缀所呈现的历史节目。战争游戏和电脑模拟技术让我们得以重新进入过去所发生的事件或场景，改变那些发生过的事情的结局。

显然，这种历史中的某些成分可被归为娱乐，但也为反事实历史更严肃的发展带来了新的潜力，这同样也是显而易见的。然而正如我们已经见到的那样，这种历史叙事往往容易出现一厢情愿式的幻想。E · H · 卡尔就认为，反事实主义者大部分都是在“翻旧账，沉迷幻想，……总而言之，是在刺激人们的遗憾（大多是在想象一个更美好的世界）和解脱（针对我们无法逃脱的更糟糕的命运）等典型的反事实情绪”。但这样的斥责无疑与他曾对列宁的早逝表示遗憾形成了矛盾。在他看来，未来依然属于苏联式的计划经济，是斯大林所犯的罪过使其实现过程变得更加困难。对过去的反事实研究几乎总是包含着对如今的政治隐喻，其形式有多种。加夫瑞尔·罗森菲尔德曾认为“幻想的场景……趋向于自由政治，通过想象更加美好的另一种过去（而那会将现状变得理想），以隐喻的方式支持人们改变现状”。但无论何时何地，但凡自由主义、社会主义，以及各种非保守的政治学说、政府组织、国家体系等依然居于统治地位，那么想要改变的便只有那些保守派人士，比尔·克林顿总统时期的美国是如此，托尼·布莱尔主政的英国也是如此。

Altered Pasts

Counterfactuals in History

第二章 虚拟历史

1997年尼尔·弗格森编辑出版了文集《虚拟的历史》，其主题现在被称为反事实历史。此后，越来越多被作者自称为反事实历史的书籍和文章便开始涌现，仅1990年以来的作品，就比在这之前所有该类型作品总量之和还要多。反事实历史如今出现得如此频繁，因此需要将它们归为一种派别进行研究。它们已不再是什么室内游戏或“幽默文章”（jeux d’esprit）；相反，它们实际上都是相当严肃的。这些文集中的反事实概念，与福格尔等计量经济学家所运用的概念，有着很大的区别。这些历史学家们不是进行理论上的统计计算，而是试着提出一系列严肃的讨论，对确已发生的历史给出别样的合理性阐释。

是什么让他们认为自己正在做的事情比前辈们所玩的室内游戏或其他人所沉迷的一厢情愿更严肃呢？他们的回答是，他们公开的目的是要恢复历史中的自由意愿及偶然性，并重新重视人物个体在历史中所起的作用，因为在研究这些历史时人们往往只就非人为因素方面进行考虑。罗伯特·考利在《再假如呢？》的序言里写道："描写伟人和重要事件的历史已经过时，如今流行的是大趋势，是那些膨胀的、破碎的、终将退却的潮流。在我们一贯的印象中，历史是必然的，那些发生过的事原本就没有以其他方式发生的可能，而人类存在的总体过程中是不存在戏剧性和偶然性的。"与此类似，杰里米·布莱克也认为，反事实历史的目的在于强调"历史变迁中的偶然性与不确定性特点，在于破坏真实历史结果中的一切必然性"。安德鲁·罗伯茨在提倡运用反事实叙事法时称："当然，这种想法会激怒辉格党、马克思主义者、决定论主义者以及所有其他坚信是注定的命运、宿命或神意决定了人类存在的人士。"布莱克与罗伯茨都鼓励历史学家们从后见之明的专横中解放出来，去试着将自己置身于过去，亲自去经历、去目睹，从中看到充满可能性与不确定性的未来。本杰明·乌加夫特

（Benjamin Wurgaft）在最近一篇文章中表示："通过尝试反事实思考，富有智慧的历史学家们可以将对纯粹偶然性的认识再次带到我们所讲的思想文化史中的重要文本及争论的这些故事里去。"

同样的，杰弗里·帕克和菲利普·泰特洛克在他们所编辑的文集《重塑西方》中，也谴责在历史学家中出现了一种"对回顾性决定论的偏见"，并称"要消除事后之见这种自鸣得意的现象，最好的办法便是让他们自身认识到，在每个人尚未受到后见之明的浸染前，一切事情看起来都是多么的不确定"。西蒙·凯伊（Simon Kaye）在最近一篇讨论反事实叙事法的实用性的文章中称，反事实叙事法的主要目的在于通过强调历史当中"人类能动性的重要性"，来应对"当下还相信所谓必然确定性的可悲心态"。有些观点早就屡见不鲜：所有涉及该主题的文章都曾强调过历史当中的可能性与偶然性。例如，1982 年约翰·梅里曼就说过"历史学家们并不总是能够认识到可能性所包含的重要性，他们只是力图解释世界所发生的一系列事件"，同时他还说道："认识到可能性的重要性将帮助专业历史学家们摆脱想要解释一切事物这种自我放纵的欲望。"20 世纪 90 年代与进入 21 世纪后，关于反事实历史出现的新进展是人们更频繁而热烈地主张相信历史中的可能性。

大多数沿着这些思路进行反事实历史写作的历史学家，一直以来在政治和方法上都显得保守，这一点并不奇怪。从某种程度上讲，这些史学家甚至形成了一个团体：例如约翰 · 亚当森（John Adamson）就同时为弗格森与罗伯茨的文集撰稿；罗伯茨本人既为弗格森的文集写稿，也为考利的《再假如呢？》撰稿，当然还为自己的文集撰稿；杰弗里 · 帕克曾为考利的《假如呢？》和《再假如呢？》以及他自己的文集撰稿；而考利则曾为罗伯茨的书撰稿。正像杰里米 · 布莱克说的那样，由于反事实主义对“能动性——通常只是少数人的行动”特别重视，所以它显然更受右翼历史学家的欢迎，因为较之于左翼历史学家，“他们有更充分的准备去接受个人主义与自由意志等观念”。的确，很难看到有以左翼观点写出的反事实文章。无论出现怎样的轩然大波与反对浪潮，总体上左翼都坚信历史的潮流总是会朝着有利的一面滚滚向前。左翼历史学家们认为，既然能把握未来，为什么还要为过去不曾发生的感到遗憾呢？不过，E · H · 卡尔对列宁如果活到了更大岁数后来可能发生何事的猜想，却是这个普遍规则的例外；社会主义者猜想，如果左翼能形成统一战线反对希特勒，那么后者便可能无法在1933年执政，这是另一个例外；G·M·特里维廉猜想如果拿破仑在滑铁卢战役中获胜将会出现怎样的结果，同样也是一个例外。但是从总体上看，左翼的这类猜想少之又少，并且相互出现的间隔也十分遥远。此外，某些政治和方法论上的原因也导致了左翼反事实题材文章的相对空缺。特里斯特拉姆·亨特就曾指出：

> “假如”意识下的历史会对目前的政治造成潜在的威胁，对更充分地理解过去也是一种威胁。不必奇怪，所谓进步是很少包含进步本身的，因为它暗示着社会结构与经济环境并不重要这样的观念。它告诉我们，人是不受任何历史束缚的生物，能遵照自我意愿做出决定。按照安德鲁·罗伯茨的说法，我们应该明白“在人类事务中，一切皆有可能”。这句话的意思是历史的潜在可能性并不能教会我们什么，也没有必要大呼不公平，因为它们对事件的影响微乎其微。我并不想显得过于决定论主义，但这种保守的、对历史来说显

得多余的对于过去的探讨，其政治意图是不难猜测的。

因此，实际上，反事实叙事法一直以来差不多就是右翼的一项专利。

反事实主义者一贯强调他们坚信偶然性和可能性，并将之视作捍卫个人权利的必然结果。但事实可能不只是我们表面看到的这么多。E·H·卡尔认为“历史事件中，在一个身处谷底而非顶峰的团体或国家里，强调历史的可能性或意外这种理论是很盛行的”。也许更应该这样说，大多数对本可能发生什么进行的幻想式猜测，其基础都是一种对已发生事实的遗憾与惋惜之情。的确，趋于保守的英国历史学家们或许已经开始强调可能性的作用，并思考20世纪90年代中期本可能（或者说本应该）出现怎样的不同结局。保守党从1979年开始长期处于支配地位，但随着保守党的女领袖玛格丽特·撒切尔被相比之下黯然失色的约翰·梅杰所取代，这种支配地位显然已趋近结束，而梅杰的政治策略逐渐遭到新一代托利党右翼的非议——后者明显属于反事实主义者，政府因内讧而显得懦弱，变得四分五裂，后来在1997年被托尼·布莱尔的新工党政府所取代。

反事实主义者主要的攻击目标自然是马克思主义，或者说是他们想象的马克思主义。比如安德鲁·罗伯茨就曾提出三位重要的马克思主义历史学家，并以他们为例指出："但凡是卡尔、汤普森[①]、霍布斯鲍姆（Hobsbawm）等三人所指责的东西，必定有着值得关注的内容。"但事实上，卡尔并不应该被列入这个名单。在卡尔职业生涯的早期，也就是当他还是外交部官员时，他便已经形成了一种观点，在他看来，强调可能性的作用或对本可能发生什么进行猜想的做法是毫无用处的，因为那是无法成为执政基础的。也正因如此，他对那些注定失败的企图改变真实历史的做法嗤之以鼻，根本不屑一顾（他并非像一些人——包括尼尔·弗格森——所误称的那样是一个马克思主义者，甚至也不是一个社会主义历史学家；他在自己的研究中对事情的起因根本没有兴趣，他关注的只是结局）。但他的这种理论却是非常危险的，其将历史研究降格至当今政治附属物的地位，因此并没有受到大多数历史学家的关注和支持，尤其是在20世纪60年代，新的社会历史暴露和公开了被

---

① 汤普森，应指下文出现的爱德华·汤普森（Edward Thompson）。——编者注

遗忘和蹂躏的过去时。从艾瑞克·霍布斯鲍姆对农民千年至福派及地中海地区社会匪徒的研究，到爱德华·汤普森下定决心“将贫穷的织袜工、卢德派[①]（Luddite）佃农、‘落后的’手动织布机、‘乌托邦’手工匠人，甚至被蛊惑的乔安娜·索斯考特[②]（Joanna Southcott）的追随者，从后辈强烈的优越感中解救出来”等都是证明。卡尔鄙视一切他眼中的历史败笔，这使他将有关历史上的牺牲者与失败者的研究搅和在了一起，并将历史错过的其他可能性及令人沮丧的发展也混淆到了一起进行猜测。

尽管卡尔从来就不是一个真正的马克思主义者，但真正的马克思主义历史学家，比如霍布斯鲍姆和汤普森，则一直被置于反事实主义者的火线上。这样的行为因为1989年柏林墙倒塌后，马克思主义从学界迅速淡出而显得格外引人注目。从某种意义上说，反事实历史学家们所做的是在鞭笞着一匹意识形态的死马，或者说在开枪打一个稻草人，而他们所批评的却是那些历史学家和所有未被斯大林

① 卢德派，19世纪初英国手工业工人掀起了捣毁机器的卢德运动，卢德派即指此类强烈反对机械化的人。——编者注

② 乔安娜·索斯考特，19世纪英国德文郡的一名妇女，她自称先知，宣称自己是新耶稣之母，将于1814年圣诞节那天分娩。——编者注

教条所束缚的马克思主义者从未说过的事情。认为历史应该肯定偶然性及可能性的概念这种观点，对于霍布斯鲍姆或汤普森来说并不新鲜，甚至连卡尔的《苏俄史》（*History of Soviet Russia*）中也曾用相当大的篇幅来描述列宁去世后，托洛茨基、布哈林和季诺维也夫等人的个性特点及各自政策。的确，对历史必然性的各个阶段都教条式地加以坚持，这样的例子只能在斯大林的《联共（布）党史简明教程》这样的政治教材中才能找到，在实践派的马克思主义历史学家那里是没有的。即便是斯大林及其同僚，最终也都倒下了，当然，他们始终坚持的是具有相对自治性质的"上层建筑"，或换句话说，斯大林相信，像列宁和他本人这样的共产主义领导人，具有凌驾于更广泛的历史进程和历史结构之上的自由，比如推动伟大的俄国革命，使之在几个月内便从 1917 年 1 月的"资产阶级革命"（马克思主义理论认为这种革命会导致延绵数十年的自由资本主义制度）走向"社会主义革命"。

忽略掉这些简单目标，弗格森特意将火力对准了马克思和恩格斯，尤其是他们对"自由意志"的蔑视，弗格森指出他们曾说过"人们创造自己的历史，但他们不知道自己正在创造着”，以及马克思曾提问“人们能自由地选择这种或那种形式的社会吗”，而回答是“绝不能”。然而马克思本人并非如这些费尽心思挑选出来的语录所表明的那样，认为人类在巨大的历史因素面前无能为力。有一段著名的语录弗格森没有引用到，马克思的这段话是这样说的：“人们自己创造自己的历史，但是他们并不是随心所欲地创造，并不是在他们自己选定的条件下创造，而是在直接碰到的、既定的、从过去承继下来的条件下创造。”[①]并且，马克思从未打算用他的普遍理论去解释特定事件（尽管他在实践中并没有总是坚持如此，但至少他的新闻工作是这样贯彻的），相反，他将其视作理解普遍趋势的辅助。总之，这段言论从根本上讲并非是针对历史，而是关于自由意愿而言的。正如艾伦·梅吉尔（Alan Megill）所说的那样，所有历史学家都认为“人类既是被限定的也是自由的，既屈从于外部力量也能创造和利用这种力量”。弗格森、罗伯茨和其他反事实主义者们的讨论，一方面是基于一种不现实的、极端的自由意志，另一方面又完全屈从于非人为的历

① 卡尔·马克思，《路易·波拿巴的雾月十八日》，中共中央马克思、恩格斯、斯大林著作编译局编译，北京：人民出版社，2001 年，第 8 页。——编者注

史力量，这在实际中只有极少数历史学家——或者说极少数人——才会认同：绝大部分的人类行为都是发生在这两个想象极端之间的。因此，罗伯茨、布莱克、考利以及其他一些学者的大胆言论都脱离了主题；每个事件的价值都必须通过历史的检验来判断。

强调人类控制范围之外的因素对人类活动具有限制性影响的观点的人，并非只有马克思和恩格斯。伟大的法国历史学家费尔南·布罗代尔（Fernand Braudel）在其历史史诗《菲利普二世时代的地中海和地中海世界》（*The Mediterranean and the Mediterranean World in the Age of Philip II*）中，以地中海作为隐喻，设置了三个层面的历史：静止不变的深层水域象征前工业化时期的农民生活；缓慢流动的中间层象征经济和社会变革；而最表面的白沫则象征政治历史。在缩小人类个体的回旋空间上，布罗代尔已经比马克思走得远了很多，这也许是在反映作者自身所处的困境，因为在20世纪40年代早期布罗代尔撰写这部作品的初稿时，他正被关押在德国战俘营中。对于他来说，现代早期绝大多数人都活在土地上，靠着土地生存，他们如同卑微的昆虫，在面对更大的外部力量时就变得绝望无助。但布罗代尔并未令人满意地将不同层面的历史联系起来，因此也并没有为解决历史起因问题提供一个令人信服的方法。他没能表现出政治历史是怎样受到更大的外部因素影响的，只是简单地提到在16世纪时从米兰寄一封信到马德里要花费很长时间这样的细节。他对政治历史的描写或多或少是一种独立于社会、经济及环境历史的描写，所以他在这部伟大作品的最后部分里，为人类进行决策制定、陆地和海洋战争，乃至在法庭上的派系争斗，都留下了很大的回旋余地，体现出对政治事件相对保守的叙述方式。整部作品想要表达的重点是，所有这些政治活动对生活在陆地上的普通劳动人民所起到的作用十分微小（这是一个带有明显瑕疵的假设，当四处掠夺的军队踏过田地、捣毁了农作物、传播疫病时，农民们很快就发现了这一点）。

因此，从布罗代尔将政治事件降格为更大范围的政治力量的附属品这个层面上来讲，他并非真正的决定论主义者。的确，在对政治历史进行描写时，他和其他反事实主义者一样，也都热衷于反事实叙事法的运用。他曾说："以历史未曾发生过的样子去重新描写历史，以改变历史中重要事件的发展进程来想象本可能会发生什么，或许是一种坏习惯。尽管这种手法下的写作如同一种幻象，但也并非毫无意义。它用自己的方式衡量事件、安排情节、处理人物，特别是那些被认为，或自认为应该为整段历史进程负责的人。”此外，布罗代尔还想象出了这样一个法国：与英格兰国王亨利八世同时代的法国国王弗朗西斯一世，下令将新教变为法国的国教而没有引起任何重大冲突。

纵然如此，尼尔·弗格森却在其文集《虚拟的历史》的序言中，称他的这部反事实文集是为历史决定论所下的一剂“必要良药”，所针对的既有布罗代尔的实践，也有马克思的说教。那么，什么是决定论呢？反事实历史又是怎能去动摇它的呢？按普通字典的解释，决定论认为事件是（或可能是）由人类意愿之外的力量所引起的，即事情不仅会在人的意愿下发生，还可能是人控制之外的力量所造成的结果。按照这种解释，似乎实际上只应该有极少数历史学家会反对决定论；就像滚石乐队提醒我们的那样，你不会总能得到你想要的，你得到的也不见得是他人想要的。很久以前，赫伯特·巴特菲尔德爵士（Sir Herbert Butterfield）就曾指出，宗教改革与后宗教改革时期，天主教与新教之间的争斗是空前的，而最终结果却是任何一方都不想要的，那便是出现了宗教容忍与启蒙怀疑主义。

一切似乎都无懈可击。然而，弗格森所说的决定论中，人的意愿并非是由各种非人为力量所限制的，而是受到其他许多非常有必要解决的事情的限制。的确，阿维泽尔·塔克就曾指出，对于弗格森而言，决定论是“一个概念集合，里面包含了他所反对的一切史学主义与方法论”。因此，反过来看这些主义和方法论便显得尤为重要。弗格森给反事实叙事法所贴上的决定论这一标签，其所包含的主要观念有四个。第一，目的论，即描写历史是怎样一步步被推向某个结局的。像特里维廉这样的辉格派历史学家便将整个英国历史（同时也通过暗示将其他所有国家的历史）引向自由民主制的建立；而马克思则将历史看作不断走向社会主义社会的一个行进过程。从全球范围看，这两种目的论都将过去的事件及发展沿着一条直线进行了重置，而这条直线也都引向一个还未实现的预测中的未来。塔克认为，称历史是按这种方法被预设的这种说法是无法被证实的，因为我们不知道也不会知道未来会是怎样。对于历史轨道的某一段而言，我们也许可以用反事实假说对其提出质疑，但无法从整体上去否定它，因为我们无从得知这条轨道的终点在哪里。由此可以得出，反事实只能在形而上学的层面对目的论的历史进行质疑；而假设事件的其他可能性——如在中短期内可以走上别的轨道，任何一个决意坚持目的论之正确性的人，都总是能够用长期事件将其重新拉回来。

弗格森所认为的决定论的第二个观念，是指政治事件由社会及经济力量决定。显然，马克思和恩格斯从未这样说过；他们所说的，是从一个社会形态转为另一个社会形态的宏观、长期历史发展，相比之下，这既不受个人因素的影响，也不受个别政治事件或军事事件的影响。换句话说，他们并没有谈及特定历史事件发生的直接原因。不过，这些说法显然会妨碍对宏观趋势的理解，而宏观趋势的重要性又是他们始终都在强调的。弗格森还注意到，后来的很多马克思主义者——从早期的俄国理论家格奥尔基·普列汉诺夫（Georgii Plekhanov）开始——是如何将偶然与必然调和到一起的。那就是，声称个体可以影响事情发生的方式、时间和地点，但无法影响历史的总体趋势，因为历史趋势是由更为宽泛的因素，即生产关系的变革所决定的；他们试图通过这种观点将各种明显的偶然因素——比如战场上的某些军事胜利也可能换一种方式获得，又比如罗伯斯庇尔或波拿巴·拿破仑等这样那样的历史人物，完全可能因为一个机缘而尚未留下其历史印记就黯然离世——与马克思主义所坚信的政治观结合起来，即政治改革是生产方式与生产力变革无可避免的最终结果。弗格森认为，通过设置出与社会经济因素毫不相关的另一种历史进程，反事实叙事便能动摇此类言论。但是，他的这一观点却隐藏着巨大的风险，就是将一切都简化为机缘，而对重要历史事件之所以出现的种种日积月累的因素则一概置之不顾。

例如，在回答为何希特勒能上台执政这个问题时，弗格森解释说德国历史学家们“依然死死认定‘德国灾难’的种子是根深蒂固的这一观点”。他真的是在说一切事情都源于偶然吗？解决这一问题的更有效的办法，或许是普列汉诺夫所提出的观点，按照他的观点，德国的社会结构，俾斯麦以降的德国政治文化的性质，魏玛共和国的软弱，20世纪20年代与20世纪30年代早期德国那灾难性的经济表现，1919年获胜的协约国以和平条约强加给德国的耻辱，以及类似的其他因素等，全都明显地解释了民主政体的失败原因，但这一切却并未准确地解释纳粹主义获胜的时间表或本质特征，也并没有说清为什么 1933 年上台执政的是纳粹党及其支持者，而不是（比如说）德国军方支持下的另一种独裁体制形式。因此还必须进一步地引证人为因素，诸如希特勒拒绝参加任何联合政治，除非是当政府首脑，以及加入围绕在兴登堡总统身边的阴谋集团，等等。引证这些长期原因并没有让人认为希特勒夺取政权是无可避免的，但强烈暗示了魏玛的民主政体注定会在 20 世纪 30 年代垮台。要证明偶然性在这些事件中所起的作用并不需要使用反事实叙事，只需简单对证据进行验证即可。对于历史学家而言，关键是要分析出可能性与偶然性究竟是如何在一个限制了其影响范围的背景下产生作用的。

许多反事实主义者的研究起点，都是那些确已发生而又人所共知的偶然性事件：路易十六和王后玛丽 · 安托瓦内特逃离巴黎，在瓦伦纽斯镇被人截住，导致两人被捕并最终被革命党人处死；1605 年企图炸死英国国王和议会的“火药阴谋”失败；1914 年弗朗茨 · 斐迪南大公的司机在萨拉热窝的错误掉头将其送上了被人暗杀的不归之途；1588 年一场恶风吹散了西班牙无敌舰队。通常，他们都以暗杀目标的意外存活、国王们的意外早逝、后代子嗣的不幸死亡、突然出现的战斗转机等作为他们的推测中心。几乎没有历史学家会否认类似偶然事件所起的重要作用；但对于随之发生的严重后果，大部分历史学家都认为是其他更大的因素在起作用，无论是以何种形式。比如，我们很容易就可以这样认为，如果路易十六成功出逃并带着一支奥地利人领导的军队试图镇压革命，那么革命分子想要保护其革命成果就势必付出成倍的努力；1605 年英国政治精英之死将会激怒英国新教徒导致其发动对天主教徒的大规模屠杀；如果 1914 年 6 月，波斯尼亚的塞尔维亚恐怖分子没能成功刺杀弗朗茨 · 斐迪南大公，他们势必会再次行动，直到刺杀成功，因此结果会是同样的惨剧；如果 1588 年西班牙军队成功登陆英格兰，他们将会被伊丽莎白一世及其军队联合其他支持者打得一败涂地，而女王从此变得颇受欢迎。这些事件中的任何一个都有可能轻而易举地转向其他结局，然而这或许需要历史背景中发生更大的改变，才能促成反事实主义者所说的那些影响发挥其作用。像这种反事实在脱离历史背景的情况下才能假定其拥有巨大影响；但这并不是说微小的偶然事件发生变化时，更大范畴内的情形一定还和原来的完全一样，其变化进程确实会有所减缓。

上述例子已经让我们远远脱离了社会力量与经济力量。但这里真正存在的问题并非在于各种更大历史力量的性质，而是其中某件事是如何起到最关键作用的。由此，我们进入目的论的第三种类型，据称这一类型非常容易受到反事实的攻击，即历史是由发展的普遍定律所决定的（如同阿诺德·汤因比在其《历史研究》中所规定的那样）。关于历史定律的争论可以追溯到很久以前，但是历史学家们从未真正认同过历史遵循着科学定律意义下的规律这一观点；历史绝不会像化学反应那样严格而可预测地发展。我们可能会强调某些因果关系大于另一些关系，或者运用某个理论，比如马克思主义或现代化理论的变体，来帮助我们解释过去，但是如果说到某些历史因素对其他一些事情的影响，比如文化发展取决于社会发展，或军事力量取决于经济力量，这些都是无法说服我们去相信历史的可预见性的。并且，如果我们说一些因素是取决于另一些因素的，那也就意味着一些因素是更加独立于其他因素的。“意外之于系统是相对的，不是非决定性的。”历史学家从不会刻板或坚定不移地运用某个理论；过去的复杂性、无序性以及证据的缺失，都不允许他们这样做。正如普列汉诺夫所认为的那样，马克思主义历史学家通常“用偶然的干扰变量和辅助理论去阐释为什么历史会明显地偏离他们所钟爱的理论”。用塔克的话来讲，“像这样的史学反事实叙事法是不会对这样的特权理论形成挑战的”。如果决定论是指历史发展是自有定律的，那么按照塔克的话，它也并不能让人清楚“反事实叙事法究竟为何会比明显的历史事实更能反驳这些理论”。

第四，在海登·怀特（Hayden White）的启发下，弗格森认为历史书写作为一种叙述修辞手法——比如将一段历史描写为悲剧或喜剧——是必然具有确定性的，因为它是利用历史的风格而非历史的内容来假设一个特定的结局的。不过在我看来，它根本就不具备什么必然的确定性，因为这种修辞手法并非先于叙述，而是跟随叙述进行的。换言之，我们是先编辑好一段叙述，然后再根据怎样看起来合理来决定它究竟是悲剧还是喜剧。并且历史书写也并不要求叙述者完全以某种特定的视角去看待离散事件或人物特性；相反，是对其进行评价，并最终以叙述的方式加以呈现。当然，海登·怀特认为任意一种模式下的叙述框架都已预先选定了叙述的构成要素。在他看来，任何历史，如果超越了单纯的编年史或古物研究，都是一种“元历史”（metahistory），是历史学家所创造的一种特定的叙述修辞手法，无法通过实证研究进行检验。不过当然，任何一位专业历史学家都会告诉你实事并非如此；我们可以构建一个解释性假说，但我们也需要考察正反两方面的证据而不断地对其进行修正，因此我们的最终成品很可能会与其最初的样子大相径庭。

怀特认为所有历史都可以用于为数不多的叙述修辞手法的一种或几种，他的这一说法也许对维多利亚时期的经典史诗是适用的，比如他所研究的麦考利的《英格兰史》（*History of England*）之类，但对现代分析史学却不适用，而这恰好是他根本就不予讨论的。事实上，总有证据表明，对于悲剧或喜剧故事也是很难适用的，对此我们既不能轻易忽略，也无法解释清楚。以大多数讲述过苏格兰女王玛丽生平事迹的历史学家为例，他们都将玛丽的一生视为悲剧，认为她是都铎强权政治的牺牲品：玛丽成长于16世纪的法国，她在王位上经历了动荡而坎坷的个人和政治生活，因其天主教身份而被冷酷苛刻的新教徒逐出苏格兰，又因英国女王伊丽莎白一世唯恐她会对自己的王位和新教改革构成威胁而遭到囚禁，最终则以进行所谓的一系列篡位阴谋的罪名被处以极刑。但是从未有人企图否认玛丽所受的苦难与最终的处决部分原因是由她自身造成的；而任何一位历史学家，如果没有提及她曾参与“巴宾顿阴谋”或“思罗克莫顿阴谋”（两次都获得了玛丽的认同，也都旨在谋杀伊丽莎白并篡夺其王位），是不会被人当作严肃的历史学家的。

因此在实际使用时，一旦选择了某种特定的叙述模式，便只能用作宏观的道德评判，而不能对证据的特殊性给出任何的特定阐释或道德评判，也无法用以否认偶然性的作用（比如，思罗克莫顿的暴露，就是因女王的情报人员察觉他频繁地造访法国大使馆，显得十分可疑）。而最终，连怀特本人都承认可以通过运用证据来查明历史的真实性或历史中的其他特殊事件（这是怀特不得不做出的让步，是有人向他指出怀疑论为否认犹太大屠杀敞开了大门之后才做出的让步）。因此，如所有专业历史学家所知，事实证据本身在叙述的塑造上有着至关重要的作用；我们不能只是简单地选择适合自己叙述的事实而忽略掉其他事实。因此弗格森所称的“叙述决定论”并非意味着构建某个历史必然形式时的随意加工，再次强调，这也不能轻易说明反事实叙事法对颠覆这种加工有多必要，因为就其本质而言叙述定会提及偶然事件，提及那些本可能使结果变得不同的事情。

有时，弗格森在《虚拟的历史》中对决定论的抨击，所针对的似乎已不仅仅是历史上的广泛力量与深层趋势之类的概念，还有因果关系的概念。他以混沌理论的发展和科学上的不确定观为佐证，认为人类事件变得越来越容易受制于个体的自由意志，而非更难。对于弗格森来说，几乎所有认为像大英帝国的盛衰或者英国内战爆发这样的大事件或大过程都有着大起因的说法，都该被视作决定论主义的，因为一个历史学家在列举出一系列起因或一整套等级时——如上面两个例子的作者保罗·肯尼迪（Paul Kennedy）和劳伦斯·斯通（Lawrence Stone），那么他同时就在强烈地暗示事件的必然性。弗格森专门强调了混沌理论，一个经典的例子是：一只蝴蝶在日本扇动翅膀，最后会导致百慕大发生一场飓风——即微小的起因在不经意间会导致巨大的后果。这个例子深受反事实主义历史学家喜爱，而弗格森在批判梅里曼的文集里则对其嗤之以鼻。那些认为历史在本质上是混沌无序的（即主要是偶然性的产物）的人，都必须承认更大的因果关系系统依然存在并且决定着事件的总体格局，尽管无法决定这些事件的具体本质或时间。混沌理论在运用于历史学时不容易经受数学论证，在运用于科学时也一样；事实上，它根本就不适用。没有可检验的证据可以证明人类事件正变得愈加混沌无序，不管这种情况是否正在地球外的宇宙中发生。“相信混沌历史的人，”如塔克指出的，“一定认为反事实情形在起初时条件都相差无几，但结果却迥异。”但是当然，这得依靠将某个特殊的起因或条件独立出来，并证明它比另外的起因或条件都更为必要；换句话讲，如果要构建一个反事实，就必须表明我们所要改变的某个条件或起因是具有决定性的，否则我们就只是简单地更改一个无关紧要的因素，而大多数历史学家都认为这对所研究的结局不会起到太大改变。这就让我们再次绕回到了弗格森所认为的过于决定论主义的一系列等级因果概念。

因此，无论从哪种可能的方法上，反事实叙事法都无法像简单事实证据那样去动摇决定论。但是当然，其支持者想要证明反事实叙事法的实用性与必要性，他们的方法也不止这一种。他们可以证明每个特定事件和决策并无必然关联，而是由可能性和偶然性所支配的。通过仔细观察在某一案例（例如“一战”的爆发）中决策人所面临的各种选择，我们能够更好地理解他们所做的那些决定。弗格森说，在这样做的时候，我们应该对既定事实的其他可能性进行检验，但是他补充道，关键是这些其他可能性的数量和形式并不是无限的。相反，历史学家们显然应该只考虑那些起码具有合理性的其他结果，换句话说是当代作家们真正考虑和书写的那些可能性（因为如果他们没有写出这些猜想，也就没有证据证明他们是这样考虑的）。从表面上看，这种方法似乎完美而合理。但是，这样做会将冲动行为、人为事故、意外错误之类的其他因素排除在外，从而会将偶然性的作用降低到忽略不计，因为只有经过仔细斟酌和认真辩论的条件才会被考虑进去。并且，在我看来，弗格森承认可能性的数量是有限的，实际上是支持了马克思的论断，即人们无法拥有绝对自由去行使他们的意愿，因为他们生活和行为的条件并非他们自身做出的选择，而通常是受制于那些超出了他们的掌控权限的力量。说到底这些力量就是经济、权力政治、文化、社会、智力、地理或其他一些制约着人类意志起作用的因素，而并非人类意志本身的缺陷或弱点，从拿破仑到希特勒的众多独裁统治者，每个人都曾为此付出过代价。同时，这些制约因素也不过就是制约因素而已，在这些制约范围内，决策者依然拥有众多选择，并能从中做出自己的抉择。

比如，1914 年 7 月和 8 月，英国外交大臣爱德华 · 格雷爵士（Sir Edward Grey）就面临两种选择，一是向德国宣战，二是让英国保持中立国身份作壁上观；在当时的时间背景下，向法国或俄国宣战则不在其选择范围内。假设英国成为中立国这样的反事实叙事能否帮助我们理解格雷当时为什么没有选择这条路呢？在《虚拟的历史》一书中——关于“德皇的欧洲联盟”的论述——以及《战争的悲悯》（*The Pity of War*）一书中，弗格森详细研究了该问题。他指出，战争过后，参战者和历史学家们得出的共同结论是：鉴于中立的比利时（得到英国保证）遭到了德国侵略，而德国的胜利对欧洲权力均衡构成了威胁，最重要的是还威胁到大英帝国的海外领土，因此英国加入战争势在必行。中立似乎绝不可能发生。然而弗格森却说：

> 对中立“反事实”的忽略是战后歉意（postwar apologies）的一种情感反映。现在我们已经认识到，无论出于道德还是战略原因，英国都不可能作壁上观。但是如果仔细研究现代文献（而不是那些残酷的决定论回忆实录），就会发现其实英国当时差一点儿就选择中立了。一方面，奥地利、德国、俄国和法国之间的大陆战争似乎势必会在1914年爆发，这一点似乎不可否认；另一方面，英国决定加入战争却真的并非不可避免。只有试着理解如果当时英国置身事外将会发生什么，我们才能肯定当时英国是否做出了正确的决定。

在弗格森看来，保持中立可能发生的一切显示，格雷选择加入战争完全是一个错误决定。如果英国能置身事外，则德国的作战目标便会更加适度，德军便能赢得战争。

如果赢得了对欧洲其余国家的霸权（反正到了后来的20世纪末期他们也通过建立和主导欧盟达到了这一目的），德国就不会感到沮丧和挫败，也就没有了后来的希特勒和“二战”，没有了1939~1945年间欧洲战场上的大规模厮杀，没有了毒气室，也没有了纳粹大屠杀。正如弗格森写的那样：“就算当初英国只是（在1914年）袖手旁观了几周，欧洲大陆可能因此变为类似于我们今天所知的欧盟这样的国家组织，但也不会致使英国的海外势力在深受两次世界大战重创后受到极大削弱。”大英帝国将存活下来，而英国也将在20世纪继续保持为一个超级大国，而不至于沦落到仅仅成为德国主导下的联合欧洲的一部分。

弗格森写于1997年的反事实猜想，与在其5年之前另一位年轻的英国保守派历史学家约翰·查姆利（John Charmley）所发表的《丘吉尔：荣耀的终结》（*Churchill: The End of Glory*）一书中的内容刚好吻合。查姆利在这部作品中打破了无数禁忌，大肆抨击温斯顿·丘吉尔在“二战”中的领导作用。查姆利谴责丘吉尔在1940年“二战”爆发几个月时就任英国首相后，做出了一个致命的决定，那便是继续与希特勒作战。为了战争，他花费了巨额的资金，让英国变得不堪一击，以至于无法在战后继续保持大英帝国的地位。并且，这不仅对英国造成了重创，还影响到了其殖民地，因为如果这些国家没有实现独立，而是继续接受来自伦敦的优秀的文明化统治，那么它们各方面的发展都将好很多。丘吉尔将英国的战争主动权拱手让给了美国，而后者借给了英国大量资金和战争装备，并借着债务逼迫这个大不列颠联合王国投降——这正是美国总统富兰克林·D·罗斯福从始至终的主要目的之一。罗斯福在和平首脑会议上轻易就让丘吉尔败下阵来，从而为一个由美国主导而非英国主导的战后世界秩序奠定了基础。战争并未将波兰从暴政中解救出来。在国内，丘吉尔将全部精力都用于作战，这就使工党的大臣们有机会在他的联合政府中说服选民认可他们的治理能力，从而在 1945 年的选举中获胜，并在 1945~1951 年期间建立了在查姆利看来具有灾难性的现代福利国家，培养出了一种依赖和自满的文化，导致英国国力急剧衰退，直到撒切尔夫人实施了激进改革，托利党政治才开始让这个国家悬崖勒马，并在 1979 年后建立了积极进取的文化。查姆利的结论令人震惊：丘吉尔宣称自己代表大英帝国，代表英国的独立，代表“反对社会主义”的英国；但是到了 1945 年 7 月，他的第一个代表就已经近乎失败，第二个代表则完全依赖于美国，至于第三个代表，则在工党选举成功后宣告破灭。

艾伦·克拉克（Alan Clark）是一位特立独行的右翼

托利党历史学家及政治家，他在看到查姆利的作品后表示，1940 年春天，在英国遭遇敦刻尔克的溃败后，以哈利法克斯勋爵（Lord Halifax）为首的亲善派曾呼吁与德国达成妥协以换取和平，如果丘吉尔当初听从了亲善派的建议，那么事情又将有怎样的不同呢？一年后，第三帝国副元首鲁道夫·赫斯（Rudolf Hess）飞抵苏格兰，带来了查姆利所称的“绝妙条款”，然而丘吉尔却愚蠢地拒绝了他。克拉克认为，如果丘吉尔当时与纳粹党达成了和平协议，他就可以将军队从欧洲战场转向远东地区，就可以保护马来亚、新加坡和缅甸不受日本侵略，从而得以保留大英帝国。英国退出战场，美国就将不会介入，而希特勒的第三帝国和斯大林的苏联就将在东线战场彼此争斗、相持不下，双方在战争过程中将会两败俱伤，俄国的势力会因此削弱，以至于无法在战后将手伸向其他东欧国家。并且，在 1940 年或甚至 1941 年 5 月退出战争也并不意味着要丢下欧洲犹太人任其自生自灭，因为那时纳粹的大清洗计划尚未正式展开，而且就算英国决定继续与纳粹作战，这对拯救犹太人也起不了太大作用。同时，查姆利还指出，事实上在战时与战后苏联全体人民遭受大规模屠杀及强制驱逐时，英国政府也没有采取任何行动去加以阻止。所以，英国也没有理由为在“二战”中的表现感到骄傲。克拉克和查姆利都坚持认为，英国参与到欧洲大陆的力量争夺中，其结果势必是毁灭性的。

这些反事实猜想都是建立在相当站不住脚的经验基础之上的。至少在五个主要方面缺乏令人信服的证明。第一，就 1914 年 8 月而言，在德国并不会对英国利益造成威胁这一观点方面，弗格森本人也是自相矛盾的。在《战争的悲悯》中，他的确在某个地方说过，1914 年的德国，其力量还不足以对英国构成真正威胁，但他也在另一处明确表示德国当时的战争机器在效率和效果上远远高于英国，因为前者比后者用低很多的经济成本杀死了更多的敌人。实际上，如果探究一下其背后的计算原理，你就能发现，战争中最高效的国家是土耳其和塞尔维亚，这两个国家仅在战争上动用了国民总资产中的很小一部分，便成功杀死了各自大量的敌人。说到底，这种计算说明不了太大问题。根本没有任何真正证据表明，如果英国置身战争之外，德国的战争目标会因此变得更加有限，或者，换句话讲，并没有证据显示英国加入战争后，德国立马就拓展了其原先的战争目标。至于1914年那臭名昭著的“九月计划”，其中的大部分目标根本与英国毫无关系。那么，在事关英国中立这一反事实叙事中，其第二套经验证据又是什么呢？希特勒究竟会提出什么样的和约条款呢？在占领西欧后，希特勒发表了一系列演讲，将橄榄枝抛向英国，但仔细研究这些演讲便会发现，其内容里完全没有提到任何形式的具体措施。真正的谈判从未开始过，因此我们也无从得知他可能会立下怎样的条件。毫无疑问，1940年的春天是一个关键时刻，以哈利法克斯为首的亲善派完全可能取得胜利，这一点我们不需要通过反事实猜想便可得知。至于鲁道夫·赫斯飞抵苏格兰之事，德国现有的一切史料都表明他并没有获得希特勒的批准，而希特勒和其他纳粹领导人在得知此事后也都大为震惊和失望。他并没有带来什么绝妙的“条款”，也没有任何现存的有力证据证明亲善派有过邀请鲁道夫·赫斯到英国去的意向。

有人可能会认为，就算英国没有加入或周旋于两次大战之中，当时的德国政府最终也会向英国宣战，而且如果德国在与大陆敌人的战斗中取胜，那么它在对英作战中取胜的可能性也是相当大的，又或许德国会利用和平妥协的方式将大英帝国一点点地分肢瓦解。起码丘吉尔本人在1940年5月28日那天也是这么对他的战时内阁说的：

> 现在想是否媾和是没有用的，而如果继续战斗，我们应该能争取从德国那里得到更好的条件。德国人会想要我们的舰队——那就等于“裁军”，要我们的海军基地，要我们更多的其他东西。到时我们便会沦为一个奴隶国家，就算在莫斯利或其他什么人的手下建立起一个英国政府，也只不过是希特勒操控的傀儡而已。

丘吉尔的观点为反事实猜想提供了一个远比弗格森或查姆利的成果更好的基础。一些历史学家们认为，如果英国不加入欧洲大战，而是坐观其他参战国彼此之间一决高下，可能是更明智的选择。提出反“假如”的猜想也是同样可以的，并且和那些历史学家们所提出的观点一样貌似非常可信。举一个或许可能被称作“反反事实”的关于“二战”的例子，出自左翼历史学家保罗·艾迪生（Paul Addison）：

> 英国……或许不能够通过谈判达成和平条约，从

> 而使英国本土（英属海峡群岛可能除外）免遭占领之苦。君主制、大本钟、议会之母等还会继续存在，仿佛一切如常。但被包围在一个纳粹化后的欧洲里，战败后的英国将逐渐成为一个附庸国，其国内政治将始终笼罩在法西斯主义的胜利以及时刻担心会冒犯德国的阴影之中。奥斯瓦尔德·莫斯利爵士及其支持者的力量或许会破天荒地变得需要加以重视，而法西斯主义则将成为对右翼年轻人具有磁石般吸引力的信条。这样离希特勒发起对英国政治中的反德集团的镇压还有多远？离他要求英国在其欧洲计划中共同“解决犹太人问题”又有多远？

这些情形至少与查姆利和克拉克所描绘的一样，看似十分可信。

事实上安德鲁·罗伯茨就支持艾迪生所持的观点。他认为如果与英国单独签署合约，那么德国势必会战胜苏联，因为希特勒就不用在地中海（或至少不用在北非）部署军队来支持墨索里尼。与查姆利所声称的相反，希特勒对英国的保证明显缺乏诚意，一旦战胜苏联，下一步便会对英国发动大规模侵略。罗伯茨说，拒绝独善其身这个决定“丘吉尔因此是做对了”。不过，罗伯茨的反事实已经触到并越过了界限，因为就算英国没有加入战争，希特勒是否有能力将苏联打败也是根本无法确定的。C·J·桑瑟姆（C. J. Sansom）在2012年出版反事实小说《统治》（*Dominion*），他将一个20世纪50年代德国统治下的英国作为反事实基础，依然认为东部的战争“总归是无法（对德国而言）取得胜利的；土地面积太过辽阔了，国民也非常不友好”。和罗伯茨所持观点相反，他认为，鉴于意大利在1941年对抗希腊时那令人失望的表现，德国军队破坏“巴巴罗萨计划”以援救失利的意大利（至少到了地中海北部）无论怎样都是很可能发生的。这里的“假如”假设得太大太多，以至于令人无从相信，再考虑到苏联所拥有的丰富资源，就更加令人难以置信了。从“巴巴罗萨计划”一开始，德国在东线投入的军事资源就从未少于其全部的2/3，就算再投入一点儿也不太可能带来多大的改观。

第三，至于大英帝国，没有人能够证明如果英国在1914年或1939~1945年保持中立便能守住这个帝国。自从“提尔皮茨号”计划于19世纪末在北海与英国皇家海军抗衡并将之破坏或者说摧毁掉后，德国的公海舰队就一直在建造之中，因此如果英国真的拒绝加入战争而德国在“一战”中获胜，谁又能说皇帝陛下和他的将军们不会将敌意的目光转向大英帝国呢？历史学家们普遍认同这样一个观点，即无论是在1914年还是在1939年，德国的长期对外政策都远远不只是想要在欧洲大陆建立经济霸权。当时有明确迹象表明德国政府除了其他目的外，还对大英帝国及其海外势力发起了挑战。希特勒曾公开表明过他的帝国梦想，弗格森也曾引用过这一表述，借以暗示希特勒想要保留帝国之意，但事实上希特勒是旨在将英帝国树立为德国的榜样。不过，由德裔美国历史学家霍尔格·赫维希（Holger Herwig）创造的另一个反事实故事却是，随着德国征服了英国统治下的中东并威胁侵略印度，德国在东线已然取得胜利，而大英帝国则在其决定是否单独媾和之前就已经轰然倒塌。

当然，实际上有大量证据表明，日渐崛起的美国势力是一方面，而另一方面更重要的是印度、非洲和其他殖民地社会政治性质的不断转变与演进，这些都是促使“二战”后去殖民化背后的真正力量，换句话讲，这是纵使英国节约了再多财力与资源，不在战争上花去数十亿英镑，也无法阻挡的进程。桑瑟姆认为，大英帝国自布尔战争后便长期处于不断衰落之中，不加入欧洲战争只会加速这一进程，无论是对于1914年的“一战”，还是对于1940年的“二战”来说，都是如此。他猜测，大英帝国的组成成员，例如澳大利亚或新西兰，都不会在1940年接受单独媾和，而与德国产生关系则将在印度引发无法控制的动乱（1939年正值印度走向主权国之路的时期）。受到压制的英国，其软弱性在全世界眼里都显而易见，进而可能掀起国家独立运动的高潮，首当其冲的便是南亚。最后便是这样的猜测，即大英帝国如果继续无视在管理帝国中所花费的大量人力与资源，无视其后期统治中那不断加重的负面影响（从肯尼亚及马来亚的暴行到印度饥荒和疾病），说不定英国还发展得更好。毕竟，那些曾受英国统治的后殖民地国家，并非全都幸免于难地发展成或陷入一系列的动乱和内战之中。另外，还有一种看法也是值得商榷的，即“二战”后的英国，如果能从过度海外投入的巨大经济负担中解放出来，那么对其国内生活水平的总体提高以及20世纪50年代和60年代的经济繁荣，都是至关重要的，这不仅对英国是有益的，对其曾经的殖民地也是有益的。

第四，将1918年德国主导下的欧洲称为一个欧洲联盟，或将如今的欧盟描述为德国主导欧洲的工具，这种说法从经验上讲都是无法让人信服的。在20世纪90年代期间，当弗格森和查姆利还在写作时，德国已转向了国内，在柏林墙倒塌后，德国全心致力于将民主德国领入现代世界这一史无前例的艰巨任务之中。至于"第四帝国"这一说法则实属危言耸听的幻想；自1945年后，德国便开始对权力产生恐惧，并没有继续执着于权力争夺。而且无论如何，欧盟毕竟是一个规模如此巨大而情况又如此复杂的组织，不可能笼统地将其概括为是由德国主导的。就算稍微更准确一点儿地称其为依靠德国和法国的联合霸权，即法德联盟，这种说法也并不公平，尤其是扩大后的欧盟总共拥有28个成员国（迄今为止），而且这种说法也明显忽略了欧盟在执行重要决定时是需要通过部长理事会的，并且在许多关键问题上是实行一票否决权的。的确，德国对欧元区内的南欧经济体实行了严格的财政紧缩政策，这是1923年的经历所留下的对通货膨胀的创伤性恐惧，有充分理由表明更强烈的通货膨胀因素能刺激经济增长，但是这和德国 1914 年计划建立一个德国主导下的所谓中欧经济区是很不相同甚至完全不同的，也完全不同于纳粹德国在 20 世纪 40 年代对那些被占领国所进行的掠夺和剥削。所谓“德皇的欧洲联盟”，其基础是“九月计划”和之后起草的战争目标里所设想的领土扩张后的德国，而不是如今面积小得多的德国；其巩固则是靠强权，包括实施独裁和等级制度、剥夺少数群体的人权、遏制联合工会，以及强制实施德国关税、建立德式的国家机构等。我们不必猜测便清楚地知道纳粹统治下的欧洲“新秩序”意味着什么：残酷剥削、大肆屠杀、持续不断的军事化。能说的事情只有一件，即如果纳粹在“二战”中获胜，那么，很大的可能性便是出现谨慎而务实的因素，像军备部长阿尔贝特·施佩尔（Albert Speer）之类，并创造一个多少类似于后来的欧盟那样的“新秩序”。欧盟是立足于和平与谅解两大理想的，过去是如此，现在也是如此；而和平与谅解之于纳粹分子，包括施佩尔，则是闻所未闻的。

第五，查姆利的反事实暗示着这样的思想，如果工党没有在 1945 年掌权并进而开创了一个福利国家，那么英国经济就可能会发展得更加成功，因为上进文化势必会取代已有的依赖文化；但这样的反事实猜想却在很多方面都是不能成立的。贝弗里奇报告（Beveridge Report）为这一领域提供了政治基础，这份报告不仅被工党接受，还得到了保守党的认同，后者在1951年掌权后也未曾企图修改报告结果。战争让福利国家这一突破党派界限的理念成了人们的共识，并且没有任何证据能证明它妨碍了英国的经济发展，因为伴随20世纪50年代末和60年代的经济腾飞，英国实现了其战后的复苏。而这一景象的转变是缘于1973年的石油危机；撒切尔夫人在20世纪80年代时采取了解放经济、将工业及公共事业私有化以及放宽对银行的管制等一系列改革措施，再次为经济的上行发展创造了条件，但她的改革也具有下行趋势，并在2009年的信贷紧缩所引发的经济危机中彻底地暴露出来。而危机爆发之后，对于那个早在25年前就匆忙实行的自由化的银行体系，政府企图引入适度调控的举措又均以失败告终，更是加重了这一危机。因此，这里的反事实依据同样在经验上太过脆弱，无法支撑这样的反事实猜想。

因此，英国中立这一反事实是经不起仔细检验的。艾迪生、罗伯茨、赫维希、桑瑟姆等历史学家所提出的完全相反的猜想，都可以推翻弗格森和查姆利的版本。历史学家们通常对历史解读有着一致的看法，这是理所当然的；但是关于英国，我们却产生了分歧，分歧之处不在各自的阐释，而在真切的事实，当然也可以说想象的事实。问题就在这里。所有作者都是从某个单独事件的改变出发，继而对长远后果进行设想的。对英国在“一战”或“二战”中如果采取中立则结果究竟会怎样的猜想，已经延续了好几十年，一直持续至20世纪末期。以这种方法构建的反事实会出现的问题是，它们非但没能让历史从马克思主义决定论的想象枷锁里挣脱出来，反而将其束缚在了实际上更为狭窄的另一个枷锁里。这是因为，反事实预设了另一种选择带来的未来，以至于虽然只在讨论“如果A发生了而不是B发生了，那么结果会如何”，但在随后的设想或假设里却将其转化成了无可避免的一系列其他事情：“如果A发生了而不是B发生了，那么C、D和E也会不可避免地随之发生，而不是实际发生的X、Y和Z。”不过当然，数以千计的其他事情也都可能介入进来，或假设已然卷入其中，从而很多事件的实际进程也就变得完全无法预料。比如，假设英国真的没有参与“一战”，那么从德国在“一战”中的获胜，到希特勒的夺权未果，到大英帝国的巍然屹立，直到整个20世纪的结束，所有的一切，都势必因一个假设而成为不可避免的模式化、系列化事件。这样便将可能性与偶然性全都排除在外了。而谈论的也仅限于英德关系，至于很多其他因素，比如德国在东欧的行动及其意图、英国殖民者与其殖民地印度和非洲之间的整体发展等，则被彻底忽略掉了。如果中途还出现了其他偶然事件又将发生什么？我们无从得知，但反事实的精灵一旦挣出了瓶颈，一切便皆有可能。

这是一种带有严格确定性的条件句，是不会被历史学家们用以解释事物的，因为他们总是给出暂时的试探性结论并大量使用到“可能”这个词。“单一原因”的解释会让历史学家们感到为难；在事情起因未被彻底查明前，我们总喜欢为其列出许多原因，也就是说，既然这些事件拥有如此多原因，那么就算其中某个原因不起作用，其他原因也会替其发挥作用，因此这件事情最后依旧会发生。当然，关键是得从这些原因中寻找出发挥最重要作用的那一个。历史学家通常都会为按等级层次构建出一系列原因——首要原因、次要原因、主要原因、辅助原因等，这些不同层次的原因分别对事件的解释起着不同的作用。比如，如果我们想要寻找“一战”爆发的起因，我们可以认为奥匈帝国的皇位继承人遭到暗杀是其一，但这也只能解释为什么奥地利会进攻塞尔维亚（后者曾帮助和支持了那次暗杀），除此之外，还需要考虑其他更为重要的众多因果链，才能解释奥塞冲突为何会引发欧洲各大强国之间的竞逐抗衡，也才能解释奥地利对塞尔维亚宣战为何会引发俄国向奥地利宣战，以及德国又为何向俄国宣战，等等。英国历史学家有时认为，促使英国卷入战争的主要原因在于德国入侵比利时，因为英国曾保证过后者的中立性。但这种过分简化的观点已经不再受到普遍认同，历史学家们转而寻找其他因素，从英德展开海军竞赛，直到英国采取维持欧洲大陆力量均衡的政策。但是，在各种各样的阐释中，还没有一个是有助于思考“如果事情以其他情况发生会出现怎样的结果”的问题——比如，如果奥地利皇位继承人没有遭到暗杀，如果塞尔维亚彻底无条件地接受了奥地利的最后通牒，如果俄国克制住没有宣战，等等。我们主要的兴趣在于将一连串事件联系起来，而不是将其一一拆开。我们知道英国内阁曾针对是否加入战争产生过激烈争论，而格雷所担心的一个由德国主导的欧洲最终也成了事实；我们只需斟酌现有证据就能知道这一切，我们不需要任何反事实来帮助我们理解这些事情是怎么样发生的，又为什么选择走上这样的过程。

艾伦·梅吉尔曾指出，虚拟史学家通常会在真实的历史中找到一个起始点，这个起始点一般会落在某个重大决定之前。约翰内斯·布尔霍夫（Johannes Bulhof）也曾指出“反事实都是些‘若p则q’这样的句子，而这些句子中的前提（紧跟在‘若’字之后的内容）事实上都是虚假的”。一般而言，“决定的瞬间”被概念化为一个“偶然的瞬间”，事情被认定为有可能轻易就朝另外方向发展的一个时刻，而反事实历史学家们接下来所做的，便是沿着朝向另外方向发展的某条线路对之后的历史进行推测。但要回答历史在那个特殊时间，以及随后的几个月、几年甚至几个世纪里会怎样发展，就必然需要大量的臆想猜测。这些猜测必然会消除偶然性，而非去强调它的重要性及影响力。正如梅吉尔曾经指出的，“偶然性开辟了两条道路”，因为如果我们以偶然性来开启一个反事实猜想，那么我们也必须将它表现在猜想的早中期、中期以及晚期等阶段，事实上必须将它贯穿于整个过程。因此，“偶然性不是一列可以随便上下的火车”，因此，这种意义下的反事实历史“根本不能遵循任何可以确定的线路。更准确地说，只有在下一个不确定性出现的时候，它才能遵循某条可以确定的线路”。这样它就不再是历史而是虚构，或者说是“幻想史”。相似的，马丁·邦泽尔（Martin Bunzl）也认为，在一条反事实链条上进行的推理演绎，其可信度这一首要条件将随着演绎的一步步发展而逐渐丧失。例如，有反事实称如果戈尔当初被选为总统，美国就不会侵略阿富汗，这就在反事实论证链上省略了无数的中间环节，结尾处的反事实条件变得与最初认为戈尔本可能在竞选中胜出这个完全合理的假设相差甚远，毫无说服力可言。因此，邦泽尔认为某一历史的反事实结果总是想象行为的产物，由于缺乏证据而无法被证实。它们迄今唯一具有的合理性，便是这些想象要受到历史知识的约束。

这一点在许多反事实研究中都曾以多种形式提到过，包括其中一些专业人士。比如乔恩·埃尔斯特（Jon Elster）就曾指出，改变后的时间轴所创造出的事实将完全不同于真实时间轴上所发生的事，因为现实中的所有事情都是相互联系着的；一方面是选择一个因素而让其余因素保持不变，另一方面是从与现实脱节的原点开始去描述各种虚构的后期发展，所有这一切都是完全虚假的。由于一切都是彼此联系的，因此正如史蒂文·卢克斯（Steven Lukes）所指出的：“反事实推测只能局限于对（次等级的）‘可能性前提’的想法，即我们用以推测事态发展的那个理论与久恒不变的世界要素应该彼此共存的想法，本身就是随意的。”他提出的问题是，为什么我们不把一切都改变？同样，法国作家埃马纽埃尔·卡雷尔（Emmanuel Carrère）在总结反事实观点时也曾说过：“反事实的轨迹不可能为单独一条线……它是……一系列不可计数的点，每个点都能任意地辐射出许多可能性。”

乔纳森·克拉克（Jonathan Clark）同样在他那被收录进《虚拟的历史》中的文章中提到过这一点：

> 在任何历史探索中，偶然性与反事实只在最开始时保持一致。很快，它们便会朝不同的方向发展。反事实明显在假设一些不确定的其他发展路径，由于作者已经为它们设计出了一个虚构的未来，所以其清晰

> 度和连贯性是可靠的。相反，如果是强调偶然性，就不仅认为事情不会沿着这些路径展开……而且必然会让所有反事实情形都迅速从自身发展出无尽的可能性。

弗格森和查姆利所进行的那些长远的反事实猜想，甚至克拉克自己所讨论的例子，比如假设美国独立战争没有在1776年爆发，那么法国就不会为支持这一运动而在财政支出上不堪重负，从而也不会在1789年爆发法国大革命这一命题，就连克拉克也认为“过于宏大、过于脱离真实结果，以至于与历史脱节而经不起历史的检验”。此外还有很多说法，其中之一是如果英国在“一战”中保持中立，那么德国主导下的欧盟便会更早许多年诞生；而类似的言论是绝不可能以真正的预测形式出现的，因为它们并没有具体说明那些与预测相关的成千上万的中间变量。换句话讲，运用“假如”句型去假设一个“长期的”另一种历史发展，是假定了（a）这个过程中一切“未来的”偶然事件与可能性都不存在，（b）既然未来是不可预见不可预测的，那么“最初的”假设事件，即第一件在实际中并没有发生的事，便不会对随后发生的一系列事件产生影响。这样就几乎完全将可能性与偶然性从历史中抹去了。对于探究过去的种种可能性，它非但没有重启开发的大门，反而将其关闭了。

或许令人惊讶的是，关于这一点，即便杰弗里·帕克和菲利普·E·泰特洛克这两位最令人惊喜的反事实历史提倡者也都是承认的。在《重塑西方》一书的结束语里，他们这样写道：

> 有种观点认为，历史的大部分内容都是“一件倒霉事接着另一件倒霉事”，而影响这些事件的多种原因之间只有极少的内部联系；但凡认同这一观点的人，都尤其应该谨防将事件趋势做过度推演，以免将其推进反事实的世界里……与此相反，另一种观点则认为，历史的发展方式有着系统的逻辑性——要么是一个将我们持续推往特定的方向的正反馈逻辑，要么是一个将我们关进特定的当前的负反馈逻辑，但凡相信这一观点的人，则应该多一点儿对“假如”猜想的支持，因为那些猜想能让我们看到遥远的假设未来。

因此，在他们看来，凡是强调历史之可能性与偶然性作用的人，都会对反事实的运用没有信心；只有那些相信目的论和决定论的人才会认为它有用。但历史学家们所关心的这两种情形都陷入了一个悖论。相信可能性与偶然性是历史的关键要素的人，无法证明反事实的合理性或有用性；而相信目的论和决定论的人，却怎样也找不到运用它们的必要。

弗格森始终也没有说，英国中立这一反事实猜想有助于我们理解1914年和1940年的那些决定。他只是说“唯有试着理解如果当时英国置身事外将会发生什么，我们才能确定当时英国是否做出了正确的决定”。但事实是，艾迪生构建的反事实情形，犹如赫维希或桑瑟姆的一样，主要来讲是一个消极猜想，是针对历史必然性而言的，即便是弗格森、查姆利、克拉克等笔下的积极猜想所描绘出的必然性结论，最终也不过是一种明显的一厢情愿而已：与其说是“假如……会怎样”，不如说“假如……就好了”更贴近一些。而这种形式的反事实叙事对于帮助我们理解那些真正发生过的事情也起不了任何作用，因为它关心的并非是爱德华·格雷爵士、温斯顿·丘吉尔等究竟是怎样以及为什么做了当初那些决定，它关心的是去强调那些似乎可以变得更好的情形，并因此对人们永远摆脱不了的现实扼腕叹息。这种猜想是很容易进行的，因为它不需要真实可靠的证据的支持，这样就使得历史学家们可以根据各自的当前的政治目的及政治偏见对历史进行重写。克拉克警告说：“对反事实的分析，务必要提防轻易地掉进那种肤浅的论调陷阱，即：如果不是某个最初的错误或某个悲剧性的失误，那么一切都有可能会很美好，而人类便可以从那些不可避免的冲突当中解脱出来，进入一个和平进步的黄金时代。”那个黄金时代可能会是什么样子，并非一个有见地的反事实猜想，而是具有目的性的政治动机下的产物。和丹尼尔·斯诺曼的文集《假如我曾……》中的作者们一样，弗格森也好，查姆利也罢，还有克拉克，每个人都在花费时间告诉过去的人他们本该做些什么，而不是努力去探究他们做了什么，也不解释他们为什么那样做。在历史反事实领域，一厢情愿的渴望随处可见。在所有这些例子中，都正像克拉克总结的：“寻求安慰的需要大过解释的欲求。”

第三章 未来小说

许多历史话题都曾被处理成反事实叙事。小说家也和历史学家一样，有着同样宽泛的主题选择。但他们的目的却通常有着更加戏剧化的不同。以豪尔赫·森普伦（Jorge Semprun）为例，他发表于1981年的实验小说《阿尔加拉比亚餐馆》（*L'Algarabie*），讲述的是法国总统戴高乐在1975年的一次直升机坠毁事故中逝世，形形色色的革命运动随后疯狂四起，这些革命派别有共产主义的、无政府主义的、地方主义的，最终导致了内战的全面爆发。在这场内战中，一个新的极左翼巴黎公社成立，并与凡尔赛的法国政府达成协议，二者彼此承认，互不侵犯。在小说中，历史追忆、身份认同、现实与虚构等全都混杂在一起，共同构成了一个万花筒般的后现代主义表现形式，时刻提醒读者这一切不过是人为的虚构而已。当小说中的人物通过“丹尼检查站”穿过巴黎公社的围墙时，巴黎便成为另一个柏林，这里的“丹尼检查站”是一个有趣的比喻，它既指联邦德国人通过柏林墙时所要经过的真实的“查理检查站”，又指1968年巴黎学生运动的真实领袖之一丹尼·科恩–本迪特（Danny Cohn-Bendit）。戴高乐总统之死只是一个单一事件，但在小说里却引发了很多事情，并迅速脱离了人所共知的任何历史轨迹，变为一部变化莫测的后现代主义的想象作品，其主旨并非为了构建任何特定的政治或历史话语，而是为了让读者去体验与思考叙事表现形式的本质特征。

不过，也有许多（尽管不是大多数）小说家在进行反事实描写时，都更严格地遵守了传统的线性描写方法，它们也如同森普伦小说中所采用的方法一样，因某个历史事实的改变而扩展至历史背景的改变，但它们在展现最终结局时却小心地遵循着逻辑性。小说家们将故事建立在这种反事实描写基础上时，需要对许多话题进行加工处理，常常会陷入一厢情愿的明显幻想之中，比如在西班牙作家们的故事中，赢得1936~1939年内战的，往往都是共和党而非佛朗哥将军。特定的民族文化有其自身的历史戏剧性和历史创伤，以此为基础，无论反事实小说还是非小说作品，往往都倾向于聚焦这样一些内容：1789年的法国大革命，1815年的拿破仑之败，或者法国的1968年大动荡，西班牙的内战及佛朗哥统治，意大利“一战”中民族自豪感的破灭及墨索里尼的法西斯主义政体，美国的南北战争及随后的越南战争，英国在“二战”中的早早失败，德国在“一战”中的失利等。天主教徒则一再地详细描写宗教改革运动，描写西班牙无敌舰队在16世纪被英国击败，描写其在17世纪的政治立场，描写从“火药阴谋”到1688年的“光荣革命”之间的故事。

但迄今为止，最热门的话题依旧是德国的纳粹独裁统治。想象一旦纳粹在“二战”中获胜将会出现的景象，在很长时间里一直是小说家、电视编剧、电影制作人、历史学家等所热衷的“娱乐方式”。为什么是纳粹，而不是别的，比如共产主义？纳粹主义在西方的大众记忆中占据了中心地位，从种族歧视到种族灭绝，再到国际侵略、战争机器、独裁统治，纳粹都是邪恶的化身，是文明进程中最为令人悲痛的例子。至少是自1945年以来，支持纳粹的人或对纳粹主义抱有信念的人，始终只是为数极少又深受公众唾弃的少数团体；而苏联及其各种形式的共产主义则一直在争取大众的支持，尽管在全世界范围内其成员数一直在缩减，其共产主义性质也在急剧弱化，但是由于苏联式的共产主义在1990年以前一直统领着欧洲，在其他地方甚至时间更长，因此，想象斯大林没有在1953年去世，或者他在1945年入侵西欧将会发生怎样的情形，几乎是没有任何意义的：我们从几十年的观察或经历中就能够知道在他的统治下事情将如何发展。阿维泽尔·塔克曾经说过，关于“一个纳粹获胜后的世界”这类小说性质的另类历史，之所以能风靡一时，“可能是缘于一种对世界末日景象主题的艺术魅力的着迷，连续不断地用写实的描述手法呈现出一幅逼真的、令人无比惊骇的另一种世界景象，仿若耶罗尼米斯·博斯[①]（Hieronymus Bosch）手中的画作”。

绝大部分关于纳粹主义的未来小说都源自英美国家。

① 博斯（约1450—约1516），荷兰籍高产画家，20世纪超现实主义的启迪者，奇幻视觉始祖。其画作大量使用各式象征符号，许多在当时都显得艰深晦涩。大多描绘人类罪恶与道德沉沦，以恶魔、半人半兽甚至机械形象表现人之邪恶，画风奇异、魔幻。——译者注

在美国历史学家加夫瑞尔·罗森菲尔德在2011年所编辑的116篇有关纳粹历史猜想的作品清单里，80%都源自英国或美国。这种题材被英美国家所主导的原因，可能是由于英国和美国都曾站在了“二战”胜利的一方，从而在回想当初差点儿就可能在战争中失败而让纳粹获胜时，会产生一种兴奋感。描写一个屈于纳粹统治下（包括英美在内）的世界，可以强化两个国家对这次战争的肯定，认为值得为之一战（虽然偶有争议）。好莱坞在全球电影业占有主导地位，加之英语语言文学的国际文化力量，也同样为纳粹历史猜想式的英美小说的支配地位贡献了力量。无论英国还是美国，它们在“二战”期间都未曾遭受敌对国的占领；与之相反，德国、法国、苏联、意大利及其他欧洲国家的人民，则无须用小说来唤起他们对纳粹统治的恐怖场景的回忆：他们本身就以最直接的方式经历过这一切（就这一点上，日本在中国及太平洋地区的统治也与之相似）。对于德国人来说，从道义上讲，去想象一个没有希特勒的世界是极其冒险的：因为其一厢情愿似的幻想成分势必非常明显。将纳粹主义的兴起与胜利归咎于单纯的偶然性因素（德国的历史机车遇上的一次“工业事故”，人们有时这么比喻），看上去太像是为德国开脱其罪名所找的借口，而每当有人试图这样做，都往往会在德国国内引起轩然大波。但同时，正像罗森菲尔德所说的那样，纳粹主义未来小说中的娱乐性因素，及其被当作流行消遣方式的角色，对于一个被公认为要为犹太大屠杀负主要责任的国家而言，这似乎会在道德上显得不负责任，在文化上也会显得肤浅。但尽管如此，罗森菲尔德清单上其余15%的小说均是出自德国人之手，这也许正体现出，在德国文化中对于纳粹及其对世界所犯下的劣行仍存在着矛盾的情绪。不过在实际中，以该题材进行写作的那些德国作者们在其反事实描写里，都在某种程度上避免了让希特勒获得任何的最终胜利。

在罗森菲尔德的历史猜想小说清单上，有63篇假设纳粹赢得“二战”胜利，29篇假设1945年时希特勒逃离了地堡苟活他处，剩下的18篇则假设希特勒这个人从未存在过。大部分作品都描写到纳粹的胜利及随后发生的事情，但这并不令人意外。这些描写对解释希特勒怎么赢、为什么能赢，都并未表现出多大兴趣，这与描写“二战”的军事历史猜想小说形成了非常鲜明的对比。小说家、电影制片人和电视制作人最为感兴趣的，是运用一个由纳粹统治的战后时代作为背景，去体现人物角色和战争阴谋，他们将虚构的人物放置于一个梦魇般的场景之中，让他们去面对一系列残酷的道德选择以及一系列有形的、易于想象的危难。这种描写的经典之作自然当属乔治·奥威尔（George Orwell）的《1984》，书中想象了一个由超级大国所主导、集权区分模糊的世界。作品以希特勒的第三帝国和斯大林的苏联为原型，但更多是出于奥威尔对后者进行的想象，而非对前者的记忆。从本质上讲，奥威尔的小说是对未来可能发生的事进行预警，它不是对过去的既定事实的改写，而是想象了如果英国和欧洲屈服于苏联的威胁将会怎样，因此从这个意义上讲，它并非一部真正的反事实小说，与那些在战争结束前于英国出版的关于纳粹统治的小说没有太大差别。就像20世纪90年代早期的那些未来小说，如萨基[①]的《威廉到来时》（*When William Came*）讲述被踩压于德皇铁蹄下哀苦呻吟的英国，马丁·霍金斯（Martin Hawkins）的《阿道夫到来时》（*When Adolf Came*，伦敦，1943）之类的作品，都是在面对德国威胁

① 萨基，原名赫克托·休·芒罗（Hector Hugh Munro，1870—1916）小说家，出生在缅甸，生长在英国，参加“一战”并在前线牺牲。——编者注

时用以巩固英国大众的决心的。比如H · V · 莫顿（H.V. Morton）于1942年出版的《我，詹姆斯 · 布伦特》（*I, James Blunt*），就描写了一位英国人用日记形式记录下其所生活的纳粹统治下的未来英国的情形，借以唤醒人们的认知。用莫顿自己的话说，这种故事是一记警钟，旨在敲醒那些“自鸣得意的乐观主义者和一厢情愿的人们，他们无法想象如果我们战败将会面对怎样的生活”。

在战争结束后长达15年的时间里，仅仅出现过一部描写英国被德国征服的虚构作品——诺埃尔 · 科沃德（Noël Coward）的剧作《我们这个时代的和平》（*Peace in Our Time*），它以回顾式的剧情谴责绥靖政策，赞扬英国的勇敢，除了一些怯懦的卖国贼和失败主义者，英国人勇敢地发起反抗运动，将德国人赶出了岛屿。在精神层面上，这更像是属于战争年代而非战后世界。而另一部更为详细复杂、综合描写德国胜利的作品是兰道夫 · 罗本（Randolf Robban）于1950年出版的小说《假如德国取胜》（*Si l'Allemagne avait vaincu*），这是一部讽刺小说，故事以德国部署原子弹为起点，德国先于其他国家研发出原子弹，并将其投向伦敦和芝加哥，从而结束了战争。之后，德国和日本以战争罪（尤其轰炸他们的城市）对同盟国领导人进行审判，并占领了苏联。但这两个战胜国的关系随后破裂，在一场原子战中被彼此摧毁。通过改变历史迹象，这部以笔名发表的作品以批判的眼光审视获胜的同盟国，旨在鼓励胜者与败者能在后战争年代达成彼此的和解。

直到20世纪60年代，下一部反事实作品才面世，即新闻记者科默·克拉克（Comer Clarke）的《假如纳粹来了》（*If the Nazis Had Come*，伦敦，1962）。该书所用的素材有对健在的德军领导人的采访，也有纳粹计划占领不列颠岛的真实文件，描绘了一幅暴政与压迫下的可怕情景。这一情景不仅再现了欧洲大陆上的被占领国的经历，同时影射了由奥威尔首创的“极权主义”概念，将纳粹德国（以及苏联）视作一个庞大的独裁政权，其领导人用暴力实现个人意愿，人民除服从外别无选择，除非他们暗地发起反抗运动。类似的场景在很多其他故事中也有出现，比如通俗作家C·S·福雷斯特（C. S. Forester）、历史学家休·托马斯（Hugh Thomas）等都有过类似的描写。以C·S·福雷斯特为例，他所塑造的霍雷肖·霍恩布洛尔舰长这一虚构形象，便是拿破仑战争期间法国海军的撒手锏。

所有这些作者都在描写德国镇压将导致越来越多的反抗这一观点上多有着墨，既用以重申战争本身的合理性，也用以赞扬英国人民的勇敢精神。因此，这些作品依然被认作是属于战时未来小说中反事实题材的一部分。这些作品都出版于后战争时代，此时的英国需要丘吉尔精神以重振英国士气，因为英国正面临国内紧缩和国外衰弱的双重压迫，其中最具代表性的便是1956年英国在苏伊士运河的惨败。

伴随这一系列作品的产生，大量的战争电影也出现了，包括《轰炸鲁尔水坝记》（*The Dam Busters*，1955）、《翱翔蓝天》（*Reach for the Sky*，1956）、《俾斯麦舰歼灭战》（*Sink the Bismarck*，1960）、《月光下再见》（*Ill Met by Moonlight*，1957）、《血拼大西洋》（*The Battle of the River Plate*，1956）等，这些影片不仅赞颂了英国的军事品格，并且将他们所生活的等级社会合法化，那些军官阶层一个个表情沉闷严肃，讲着一口流利严谨的英式英语，有效地命令着谦卑而顺从的劳动阶级普通人群，以力求庄重与秩序。在这些描述中，普通德国军队或海军官员看上去也都十分得体庄重，反映着英国在西线及北非战争中的经历；只有德国纳粹分子才被塑造成凶残的形象，在与敌人交往中无视战争法和基本的荣耀与正确性原则。因此，就算在战争时期及战后早期，英国在描写德国时也并没有将所有德国人都一概形容得极其邪恶。但是到了20世纪60年代中期，当战后的新一代渐渐成年之后，便开始对等级制度和盲目的遵从态度产生了质疑，财富与物质主义占领了英国文化，“摇摆的60年代”宣告了个人自由与反抗的新风潮。与此同时，以伊丽莎白二世女王于1965年对联邦德国的国事访问为标志，英国同德国及德国人民公开和解，这使得在描写第三帝国的小说中，“善良的德国人”的成分开始渐渐多起来。在联邦德国，一些年轻的历史学家们开始对纳粹年间的社会历史进行详细的深入研究，从而揭露了纳粹政体的制度混乱、宗派林立，也证明了德国社会的许多阶层都与纳粹整体存在分歧的可能性。随着国际关系的缓和，极权主义理论被另一颇为迥异的方法论所替代。德国历史学家弗里茨·菲舍尔（Fritz Fischer）在对“一战”中德国的战争目的研究中，还提出了从希特勒到德国皇帝直至更为长远的持续性影响这一棘手而敏感的话题。在这些新兴的德国作品中，有许多都被翻译成了英语，或被研究德国史的新一代英国历史学家广为传播。

所有这些都创造出了一个新的语境，在这个语境下，运用反事实叙事法去探索纳粹“二战”获胜后的世界，尤其是英国，对作者和电影制作人来讲越来越显得有趣而具有吸引力。从20世纪60年代中期开始，包括整个20世纪70年代和80年代，英国的小说、剧作、电影、电视剧，也都表现着这样的语境，作品以英国为背景，但德国占领者却似乎并非全都那么残忍冷酷，也似乎并未受到全民的广泛抵制。在贾尔斯·库珀（Giles Cooper）制作的电视剧《另一个人》（*The Other Man*，1964），凯文·布朗洛（Kevin Brownlow）于同年发行的电影《纳粹暴行录》（*It Happened Here*），以及于1978年播出的菲利普·麦凯（Philip Mackie）的三部曲电视剧《一个英国人的城堡》（*An Englishman's Castle*）等作品中，都由英国人出演其中的角色；在直到1978年的很多其他作品中，包括莱恩·戴顿（Len Deighton）于同年出版的小说《SS-GB》，也都有英国合作者的参与。对纳粹统治下的英国进行描写的作者中，最著名的当属通俗史学家诺曼·朗迈特（Norman Longmate），他在1972年出版了名为《如果英国沦陷：纳粹占领计划实录》（*If Britain Had Fallen: The Real Nazi*

Occupation Plans）一书（并附电视报道）。该书的基础材料有德国占领英国的真实作战准备与计划，有纳粹曾企图接手的被德国真正占领的那部分英国领土（海峡群岛，紧邻法国海岸），是这些已知的真实经历的混合，具有一定的可信度。朗迈特因此声称他所描写的“不仅仅是那些‘有可能’发生的事，还是那些‘已可能’发生的事”。

在朗迈特的描写中，英国皇家空军在不列颠之战中惨遭失败，为一场全面侵略做好了铺垫：也是他整部小说中所有其他猜想的基本前提。国王逃到了加拿大；温斯顿·丘吉尔则在抵抗侵略者的过程中阵亡。随着丘吉尔去世，英国就基本放弃了抵抗。纳粹四处寻找一个叛国贼、一个领导傀儡政府的政客，他们碰巧想到了塞缪尔·霍尔（Samuel Hoare）爵士，这个人的名字曾出现于亚历山大·贾德干（Alexander Cadogan，一名高级外交官）真实的战前日记当中，纳粹将霍尔定为一个可能的候选人。霍尔与法国经谈判达成协议，给了墨索里尼在阿比西尼亚想要的东西，并还可能与德国站到了同一战线。然而，32 年之后，当朗迈特再版这本书时，他改变了心意，认为英国法西斯领导人奥斯瓦尔德·莫斯利才应该是最可能担任英国首相的候选人。莫斯利本人在战后曾宣称，他宁愿自杀也不会做出（叛国）这样的事情，不过那时他还是一名在位的政客，因此这种话不足为信。至于新的国家元首，则“放眼四周，无论在英国还是在美国，温莎公爵的名字都会冒出来，充当一个最可能成为亲纳粹政府的国家元首”。这个人甚至都有可能占据王位，他自信可以节制纳粹的极端行径，而要诱惑他那爱慕虚荣的妻子则可以给她一个许诺，让人称她一声“陛下”（英国王室甚至不允许称她为“殿下”）。

朗迈特引用真实的纳粹计划，让占领者推倒特拉法尔加广场的纳尔逊纪念石柱，并将其运到柏林。纳粹分子抢夺并洗劫了目之所及的一切，他们搜刮犹太人的财产，拿走了博物馆和美术馆中的文物并宣称其属于德国，还运走了石油及其他基本必需品以充实德国的武装力量。盖世太保抓捕了已知的反纳粹主义者（似乎有一个随机列表），查禁了包括救世军在内的令他感觉可疑的一些组织。就像在被德国人占领的其他国家一样，日常生活中的许多方面都或多或少地保持不变，不过他们可能会让英国人从此靠右行驶。大量英国年轻人都将被迫作为劳工送往德国，而犹太社区的45万人将被赶聚在一起送进奥斯维辛的毒气室。众所周知，在德国入侵之前，英国军方曾组织过一些“辅助部队”，一旦受到侵略便会通过暗中破坏和打游击的方式去骚扰敌人，但他们却无法长久坚持，并且他们的行动也会激起对方的报复行为。“抵抗”将最有可能以愤懑的不合作形式进行，但合作也可能是有限的。这场噩梦的终结将是美国朝德国投下一颗（或几颗）原子弹，并横跨大西洋前来解放受尽压迫的欧洲各国。

朗迈特的书出版之时，正值新一轮书写与传播的高潮时期，涌现了一大批描写英国、德国以及自20世纪60年代中期到80年代末期的那场战争的作品。这一背景的集中体现，是讽刺英国式的“沉闷严肃”，赞扬英国军队的英勇，比如受到观众欢迎的电视系列剧《一群老爹在战斗》（*Dad's Army*），它从1968年一直播到1977年。对20世纪50年代的等级社会与自鸣得意式神话进行了多种形式的抨击，但这也同时导致了20世纪70年代关于“大不列颠的衰落”的广泛争论，帝国的陨落、英国机构的无能与不足、比起德国相对迟滞的英国经济，都在英国国内掀起了一轮精神探索，并随着1979年后撒切尔首相的保守党进行的一系列激进改革达到了高潮。在这场争论中，英国在过去抵抗德国入侵的决心遭到质疑，成为英国在现在变得软弱无能的一种隐喻。因此很多人便步朗迈特的后尘，指出，至少有些英国人是可能会与占领军合作的。

与此同时，随着20世纪70年代对德国侵略者的人格化，还产生了对高效、努力与富有创新精神的德国品质的普遍崇拜，认为英国也理应加以效仿。德国汽车公司奥迪的广告标语“*Vorsprung durch Technik*”（科技领导创新）在英国电视上频繁出现，而且是没有翻译的原文，明显传达着更多字面之外的信息。颇受欢迎的情景喜剧《再会，佩特》（*Auf Wiedersehen, Pet*）讲述了一群英国砖瓦工在面临国内的失业问题或工资低廉的情况下，却在德国的建筑工地上找到了工作和成就感的故事。然而，在80年代，事情开始发生变化。英国对位于南大西洋的马尔维纳斯群岛采取了军事行动并获得了胜利，重新将该群岛纳为英国的殖民地。在此之后，撒切尔政府转而直面联合工会（撒切尔夫人称其为“内部敌人”），导致警察方队冲击矿工纠察防线时，发生了一系列预料之外的暴力活动。这样的语境为再次使用较为老旧的方式谈论英国奠定了基础，也剥去了英国从20世纪60年代起就具有的复杂性与模糊性。

到20世纪80年代末，德国的再次统一引起了由撒切尔夫人所领导的政府中一些成员深深的敌意，撒切尔夫人就曾明确表达过自己的不安，认为德国势力有可能在“第四帝国”再次兴起，并通过欧洲共同体及其后继者欧盟来主导整个欧洲，由此，关于“二战”的话语又被应用到了一个新的话题上。随着撒切尔夫人对欧盟的仇视急剧上升，越来越多的保守党议员及作家们都跟随着他们的首相，将欧盟定义为重获新生的德国为实现其霸权所握住的一个筹码。虽然时隔不久，撒切尔夫人便在实用主义内阁成员发起的反叛中被赶下了台，然而损害却业已造成：欧洲怀疑论就此诞生。随着大量攻击德国人为纳粹分子的书刊和文章涌入各大出版社，公众观点再次剧烈转向了反德国一方。英国的民调显示，认为英德两国的友谊较差的受访者从1990的12.7%增加到1994年的38.8%。在1990年的调查中，26%的受访者认为德国是一处不错的工作之地，但6年后，这样认为的人则仅有5%。在1987年，26%的英国受访者将德国视作英国最好的朋友，但到1992年，这个数字仅为9%。同时超过53%的人认为纳粹主义可能会在德国再次出现，而在5年之前，只有23%的人这样认为。这些数据与来自其他欧洲国家的调查数据大相径庭，其他欧洲国家对德国的态度大体上保持不变。英国大众的这种情感变化，在近些年举行的有关“二战”50周年的一系列纪念活动中得到了进一步巩固，包括1989的纪念“二战”爆发、1990年的纪念不列颠之战、1993年的纪念阿拉曼战役、1995年的纪念欧洲胜利日。

而关于“一战”的言论也同样被引入这一新兴的欧洲怀疑论的话语之中，最为明显的例子是保守派议员威廉·卡什（William Cash）于1991年出版的《反对联邦欧洲：为不列颠而战》（*Against a Federal Europe: The Battle for Britain*）。本书的副标题与不列颠之战相呼应，暗示这是对“二战”的一次回放。不过这次，“直冲云霄”的不是别人，而是威廉·卡什，目的是为了搜寻那些他所需要的辉煌时刻。书的一开始——背景设定在1940年，卡什就明确指出了究竟谁是敌人。“英国，”他在书的第一页就发出警告说，“有可能仅仅成为德国主导下的欧洲中的一个郡。”“德国对欧洲的态度，”他警告说，“是由强大的历史传统决定的。”在卡什看来，一个更为融合的欧洲必将等同于“一个更加强大的德国，它不停地平衡民主德国与联邦德国，势必延续或者加剧后俾斯麦时代的德国的复杂性和不稳定性”。所有人都知道，后俾斯麦时代的德国的不稳定性为1914年、1933年、1939年及1945年带来了怎样的灾难。卡什的暗示是，一个由德国主导的紧密融合的欧洲联盟将不会持续太久，而其最终解体则势必带来一系列的混乱与暴力。保守派史学家们也齐声谴责欧盟，称之为德国借以实现其主导地位的工具。至于德国的再次统一，约翰·查姆利曾经提过这样的问题：“德国还要多久才会认识到自己体型太大了，别人赐予的靴子不够穿？而一旦德国决定换一双更大的鞋子，谁又能阻止得了呢？”从表面看上去，查姆利的这一言论与他本人在此之前所表达的观点（即对英国政府来说，在1940年与德国单独媾和也是合情合理的）是背道而驰的。因为就他在1995年所发表的观点看来，查姆利怎么会认定德国在1940年一定会信守承诺呢？

尽管如此，查姆利的某些新观点还是得到了右翼史学家的认同。欧洲怀疑论这个暗喻“二战”的措辞，利用被操纵的公众对英国最辉煌时刻的记忆，将矛头直接指向德国，视之为布鲁塞尔[①]的代理人，为查姆利和弗格森进行反事实猜想构建了重要背景，尤其是他们所猜测的英国本该在1914年和1940年远离欧洲大陆的种种阵痛而保持“光荣孤立”，从而拯救大英帝国并阻止犹太人大屠杀。在这些作品中，德国对欧盟的主导都被视作理所当然，也都在1915年的那些推测场景中实现了无战争、无冲突。然而，英国远离欧洲而孤立自保只是欧洲怀疑论的一种美好想象，与被欧洲怀疑论所认为的20世纪90年代的可怕现实形成了明显冲突。在那个对90年代的猜想中，“第四帝国”再次成为征服英国的威胁，因此，没有英国参与的两次世界大战、一个和平发展的欧洲联合体的反事实猜想被人搁置一边，取而代之的是从“二战”派生而来的隐喻性表述，旨在应对眼下已然能够察觉的、盛气凌人的、扩张主义的德国的威胁。

反事实历史叙事法于是重新捡拾起那些亦新亦旧的抵抗隐喻，认为在德国征服英国的过程中，与之合作的机会势必非常微小。自由派的《卫报》记者马德琳·邦廷（Madeleine Bunting）的研究认为，朗迈特等早期作者创设

① 布鲁塞尔指代欧盟。——译者注

了一个只属于他们自己的神话，而事实则与那个神话刚好相反，因为海峡群岛的民众不仅没有反抗纳粹占领者，反而一路协助他们将岛上的犹太人遣往奥斯维辛。针对这样的研究结果，安德鲁·罗伯茨明确指出：与邦廷所声称的相反的是，海峡群岛并非一个能对该话题进行总结的典型例子，因为群岛上 1/3 的男性人口遭受了“清洗”；德军在仅有 6 万人的群岛驻扎了 3.7 万士兵；岛民们都有服从权威的传统；那里没有强大的联合工会或政治党派，也没有广袤的山区或大城市作为反抗运动的基础。罗伯茨说，不管怎么说，这些群岛居民有半数都是法国人，而较之于法国人，英国人对自己祖国的忠诚要远远胜出很多。曾在战前短暂盛行的绥靖主义，现在已然消失。英国也将不会再有由通敌分子和颠覆分子组成的纳粹“第五纵队”。罗伯茨认为，当丘吉尔在抵抗侵略者的战斗中牺牲、乔治六世逃亡加拿大之后，温莎公爵完全有可能被说服登上王位，而像劳合·乔治（Lloyd George）这样的亲纳粹政治家也有可能被说服而成为首相，同样可能被说服当首相的还有塞缪尔·霍尔，但首相人选中不可能有莫斯利，因为德国知道他并不受人欢迎［但这并不妨碍德国人提拔那个更加不受欢迎的挪威的维德孔 · 吉斯林（Vidkun Quisling）]。极端绥靖主义者R · A · 巴特勒（R. A. Butler），也是单独媾和的又一支持者，则完全可能与德军勾结。但所有这一切都不过是例外而言，因此罗伯茨大胆推测道，假如德国真的占领了英国，“那么他们所面临的必定是冷酷无情、满腔怒火、同仇敌忾、全民皆兵的英国人”。甚至对于他文章中的欧洲怀疑论观点，连纳粹控制下的英国出版物也都会竞相刊出：“维希（法国）的鼓吹者强调欧洲只有一个共同的未来，这个共同的未来才是恢复荣耀与自尊的催化剂，这样的说辞会在英国被一字不漏地复述出来。”

在罗伯茨的反事实描述中，德国以欧洲之名占领英国的行为在英国激起了全民公愤，他的这一猜想于多年后的欧文 · 希尔斯（Owen Sheers）的《反抗》（*Resistance*）中激起了回声。本书描写了一场积极的反抗运动，英国人民坚持与实施占领中的德军斗争，在复辟的爱德华八世指导下，R · A · 巴特勒带领的政府实行合作主义，承诺“缩小英德两国间的差异，努力建立一个统一的欧洲，强烈反对西方资本主义美国人和东方布尔什维克党人”。更为直接的是，罗伯茨的欧洲怀疑论主义反事实描写，与他 1995 年出版的未来小说《亚琛备忘录》（*The Aachen Memorandum*）可谓是不相上下。《亚琛备忘录》将故事设置在21世纪中期的一个想象的未来中，那时的英国已被完全纳入了德国主导下的联邦制的欧洲联盟。英国君主制早已迁移至新西兰，所以如今的学生若在晚宴上提出喝效忠酒则会被牛津开除。英国已经分裂成了多个郡。欧洲的诸多法令管理着国家的日常生活。"无阶级区别法"迫使伯爵法院（Earl's Court）重新命名，而性交行为要由有关骚扰、健康及保健方面的法令来管理。在历史课本的"去本国化"过程中，纳尔逊的名字被从学校的教学大纲中删去，而他那立于特拉法尔加广场（如今改名为德洛尔广场，名从欧洲委员会主席）的塑像，则被欧盟的奠基人罗伯特·舒曼（Robert Schuman）的塑像所代替。《劳工方针》保证各个管理者听命于劳资联合会，尤其是来自高层的命令。英国的日常生活则由"联邦风尚"掌控（"联邦"已成为形容"好"或"时尚"的流行语），它规定女人们应该像德国女人那样留腋毛，最为可怕的是，男人们在见面时应该相互亲吻对方两边脸颊各两次。大陆式有轨电车很大程度上替代了伦敦街道上的小汽车与公交车，使从前快捷简便的行程变得无止境的漫长而复杂（据说，在书中所有的预想场景中，这一场景是最不具说服力的）。一条欧洲方针强制要求英国人靠右行驶，造成了大量交通事故，而一支联邦警力，亦即欧洲刑警组织，则和盖世太保的所作所为相差无几（假若英国被纳粹统治）。德语是各个学校里教授的唯一外语。所有这一切都这样的真实，借用书中的英雄（当然会取名"霍雷肖"）的话说即"德国人……几乎操控了整个联盟，还称之为'帝国'……这是发现没有他人偷听的时候，他们内部的称呼"。无须讳言，霍雷肖领导了一场反抗运动，最终摧毁了让人深恶痛绝的大陆外国人的统治。

如果说预测性小说在于警告英国大众目前政策应该保持不变，否则会引起各种悲惨的后果，比如《威廉到来时》或《阿道夫到来时》，反事实小说则假定如果纳粹于 20 世纪 40 年代占领了英国会出现怎样的后果，并在这样的假设上随意发挥，那么，《亚琛备忘录》则正好位居这两种小说之间。真正的反事实小说在 20 世纪 90 年代曾反映欧洲怀疑论的风骨，最为典型的例子是罗伯特 · 哈里斯（Robert Harris）的小说《祖国》（*Fatherland*，伦敦，1992）。小说没有将故事设置在英国，而是设置在 1964 年的德国，小说讲述了一名侦探（也是一名党卫军）的故事。在调查一系列谋杀案的过程中，他逐渐揭开了政府的一个秘密计划：清除犹太大屠杀中幸存下来的主犯，销毁一切残留证据，以便防止那些证据破坏与美国的关系，因为美国总统即将前来进行国事访问。哈里斯知道他要围绕纳粹德国进行描写，而该书中最突出的特点，便是对如果柏林（日耳曼尼亚）赢得大战胜利可能出现的场景进行了准确的描述。《祖国》中包含了强烈的欧洲怀疑论的话外音。正如哈里斯在为小说面世而发表的一篇文章中所写的那样："我花了4年时间来写……一本关于德国超级大国的虚构小说，但在我写作的过程中，它却已经开始变为事实了……事实上，人们无须接受玛格丽特·撒切尔的观点就能发现，对于西欧来说，过去纳粹曾经有过的计划与现在已经发生的（经济方面的）事实真的非常相似。"这样的信息，在描写英美两国与纳粹主义的合作态度时得到了凸显，故事中，英国由复辟后的亲纳粹君主爱德华八世统治，而身为绥靖主义与失败主义者的前美国驻伦敦大使约瑟夫·肯尼迪（Joseph Kennedy）则成了美国总统。刺激、悬疑、精心构思，使这部小说迅速列入畅销之列。不过在同时，如罗森菲尔德所说:“从某种程度上看,《祖国》在英国取得的商业成功,反映出小说很好地挖掘了英国人的心态,他们对于统一后的德国、对欧洲融合的愿望,都抱有不确定性。”

该小说从20世纪90年代末的众多东欧独裁统治的崩溃中获得线索,暗示就算第三帝国获胜,它也将是一个脆弱的结构体,不可能比希特勒存活得更久,并会因其所具有的原始力量与好斗性而很快败下阵来,最终走向注定的衰落与瓦解。与C · J · 桑瑟姆于2012年出版的小说《统治》(明显受《祖国》的影响)一样,哈里斯跟随了主流史学,强调了纳粹政体的分裂及其不稳定本质。不过,从某些方面来看,这两部小说所基于的反事实猜想场景却是大相径庭的。比如,桑瑟姆并不像其他作者那样,认为亲纳粹的前君王爱德华八世会复辟而取代其弟弟乔治六世,首先就因为大部分英国人都不会原谅其之前的退位行为,并且德国人也知道他将是“一个如此不具责任感的蠢人,作为君主,对任何政府来讲他都让人头疼”。然而,在欧洲的其他地方,纳粹在任命挪威的维德孔 · 吉斯林、克罗地亚的安特 · 帕韦利奇(Ante Pavelic)等同样不受欢迎的合作者时,却没有这样的顾虑与踌躇。从乔治六世的真实战时记录来看，假如英国真的沦为纳粹附庸国，他也不可能继续待在英国，尽管没人敢于信誓旦旦地确定这一点。至于让温莎公爵出任纳粹扶持的傀儡君主，则面临更加严峻的问题，纳粹要真的把他弄到手会非常之难。丘吉尔和英国政府对温莎公爵非常上心，一方面想设法将他送到岛外，先将他转移到葡萄牙，接着到巴哈马，另一方面又千方百计地避免让他落入纳粹手中。

更为严重的是，无论纳粹领导层有多么分裂与不和，哈里斯所描写的场景都与一个德国统治下、处于战后和平时期的稳定的欧洲在历史合理性上相去甚远。实际上，许多历史学家也都认为，对于纳粹而言，战争既是无限度的，更是无尽头的。在其写于 1928 年但久未出版的《第二本书》（*Second Book* ）以及随后的一系列场合中，希特勒都十分清楚地说过，占领东欧的目的不仅在于为德国提供食物供给来源，以免再次像“一战”时那样因遭协约国封锁而使德国深受重创，更是为了让德国成为一个能与美国相抗衡的“土地帝国”（land empire），一个可以为更大规模战争（德国与美国之战）提供长久支撑的土地帝国。因此，假如德国真的摧毁了苏联——一个非常大的“假如”，桑瑟姆曾用以假设20世纪50年代时德国国防军与苏联红军依然在一决高下却一直不分胜负——和平也不大可能到来。史学家蒂姆·梅森（Tim Mason）因此写道："1941年之前，无论人们如何解读希特勒关于将来与美国世界霸权的战争的构想，其在俄罗斯欧洲领土上占据'生存空间'的构想绝不是终极目标，希特勒不断深思的问题是，一旦德国人发现他们已经无须再与敌人对抗了，那么国民堕落的危险也就种下了。"为了让猜想场景变得合理，哈里斯必须为小说加上一个不可能发生的结果，即纳粹同意结束战争，他的做法是让希特勒与美国的战争陷入长久的僵持，最后两国签订了和平条约。从我们对希特勒已有的了解来看，希特勒是永远都绝不甘心妥协的，而是正如他所说的，总要"拼个鱼死网破"。对于他而言，唯有成功与灭亡，唯有意志的胜利与万劫不复，绝无折中之选。而从实际来看，德国与美国在资源上存在巨大差异，两国之间不大可能会以僵持告终，更不可能让第三帝国征服英国并与苏联达成和平协议（又一个不可能）。为了支撑自己的幻想，哈里斯改变了事件的必要条件，但他的改变太多太大，因而也已无法使之成为具有可信度的反事实历史，哪怕它用了小说的形式。

20 世纪 90 年代，英国产生的欧洲怀疑论反事实主义，逐渐削弱了加夫瑞尔·罗森菲尔德的观点，即认为从长远看来，英国人眼中的希特勒与纳粹主义已经出现了“正常化”，并在某些未来小说中得到了呈现。在那些小说中，人物形象都是可变的，纳粹主义已不再仅仅是道德审判的对象，不再仅仅重现盟军那沾沾自喜的抵抗；对于反事实中的纳粹的未来，英国人的态度、描写也都越来越复杂，越来越有自我批评的味道。罗森菲尔德在书中每一个可能的阶段里如念咒般不断重复着这些观点。但这样的做法却是非常严重的过度简化。20 世纪 90 年代，英国对德国的态度急剧恶化，以至于欧洲怀疑论曾一度将纳粹与德国混为一谈，掀起了一场对纳粹获胜后欧洲将出现怎样的场景进行猜测的热潮，这些都说明罗森菲尔德的言论是一个谎言。由于英国对德国及德国历史的态度急剧恶化与罗森菲尔德的理论不相符，于是他索性将其忽略。另外，就事论事地说，“正常化”这一概念根本就是毫无意义的：究竟什么样的“正常”才能叫正常？唯有在给定的历史背景中才有可能界定：担心欧洲的未来会由邪恶的纳粹掌管，这在“二战”时期的英国属于正常范围；认为这样的未来在许多方面已经开始展露或即将展露，在20世纪90年代的英国欧洲怀疑论作品中也是常见的。再者，“正常化”本身就是一个预测性概念，其含义是任何事情，一旦变得“正常”，便也总会在未来保持如此。因此它是一种形而上学的观点而非历史的观点，是无法被实证性的调查验证的。

使用“正常化”这一概念，可以抹平其他国家出现的对德态度的转变，这在罗森菲尔德的描述中同样是显而易见的。在他的整本书中，最不具说服力的是声称20世纪90年代“德国对记忆力量与正义可能性的信念不断衰减”，或“想要使纳粹历史的记忆正常化”。相反，伴随着柏林墙的倒塌、共产主义阵营的瓦解以及民主德国、联邦德国的再次统一，20世纪90年代还见证了许许多多其他事件，包括战争罪审判在整个欧洲的再次进行，犹太大屠杀在欧美人民记忆中的再次浮现，史蒂芬·斯皮尔伯格的电影《辛德勒的名单》(*Schindler's List*)所产生的国际影响力，大屠杀纪念馆在许多国家的开放、曾被忽视的德国集中营遗址变成了开展追悼与相关教育的中心，在新的德国首都柏林立起了深受纳粹之苦的犹太受害者纪念碑，以及对曾经参与纳粹罪行的无数德国机构的揭露（从武装力量到医学界，再到后来的外交部及其外交官），等等。罗森菲尔德的分析所存在的问题，并非仅仅依赖于那个粗制滥造且又被最终证明为多余的“正常化”概念；并且还没有将猜想历史事件——无论真实或虚构的——设置于恰当的历史语境当中。历史语境绝非是一个单独、可预测、向“正常化”行进的线性发展过程；历史语境既是过去的经历，也是现在的经历，充满无从预测的跌宕起伏。

历史语境的变化，在后战争时代的作品中是非常明显的。在很多人所能想象的世界里，希特勒从他的柏林地堡中设法逃了出来，并一直活到了后战争时代。类似的大量虚构小说，尤其是那些出自美国人之手的作品，都致力于营造一种假若希特勒未对其所犯罪行付出代价，许多人将会感觉到的那种沮丧感。像菲利普·凡·伦特（Philippe van Rjndt）的《阿道夫·希特勒大审判》（*The Trial of Adolf Hitler*，纽约，1978）、戴维·B·沙尔奈（David B. Charnay）的《魔鬼行动》（*Operation Lucifer: The Chase, Capture and Trial of Adolf Hitler*，伦敦，2001）（这本书大量参照了《阿道夫·希特勒大审判》），还有詹姆斯·马里诺（James Marino）的《阿斯加德方案》（*The Asgard Solution*，纽约，1978）、约瑟夫·海伍德（Joseph Heywood）的《别尔库特》（*The Berkut*，纽约，1978）等，所有这类著作都满足了这种写作目的，换一种说法，它们就像是一大堆B级电影[①]和漫画故事，都在描绘着没有将活生生的希特勒送上审判庭便可能出现的危险。用这种方法去想象希特勒活下来的故事，都植入了一种政治批判，是对各国政治没能将老纳粹绳之以法的一种反思。这种政治批判，在20世纪60年代重启对战犯的审判后变得尤其令人瞩目，比如1961年在耶路撒冷进行的艾希曼审判，以及1964年在法兰克福进行的奥斯维辛审判等。与此相反，批评家乔治·斯坦纳（George Steiner）那奇怪的短篇小说《逃往圣克里斯托瓦尔》（*The Portage to San Cristóbal of A. H*，伦敦，1981），似乎旨在抨击人们对希特勒的痴迷。在这之前的一段时间里，随着有关希特勒的书籍、电影、电视节目等的大量出现，这种痴迷变得更加显著，最终形成了著名的“希特勒浪潮”。斯坦纳似乎在告诉我们，苟活在

① B级电影，指低预算拍出来的影片，普遍布景简陋，道具粗糙毫无质感。——编者注

南美丛林中的希特勒已与20世纪晚期没有关系。今天的人们，尤其是犹太人民，不该一再地提起他；相反地，应该将他遗忘，这样才能更为自信、更为乐观地面对未来。

最近出现的一拨书却截然不同，这些书都称希特勒（通常还有他的情妇伊娃·布劳恩）其实伪造了自己的死亡，而实际上逃离了地堡。这些书的作者都宣称其作品是基于事实的，有的还是基于严肃的历史研究的。开启这一潮流的是英国外科医生W·休·托马斯（W. Hugh Thomas），他在1995年出版的书曾引起了人们的巨大关注，那本书旨在证明，从柏林地堡上方的帝国总理府花园废墟中找到的烧焦的人体残骸并非希特勒和伊娃·布劳恩。托马斯列举了大量看似具有说服力的法医证据，而他的医学专家资历也增加了其可信度。不过，他曾在多年前就声称，在1945年的纽伦堡战犯审判中被判终身囚禁、后监禁于柏林外围处的施潘道堡中的纳粹党副党魁鲁道夫·赫斯，其实并不是他本人，而是他人冒充的；类似的，2001年他又将对象指向党卫军首领海因里希·希姆莱（Heinrich Himmler），目击证人证词中说希姆莱在被捕后于1945年自杀，这一点也得到过英国军队的承认，但托马斯却同样声称自杀的其实另有其人。显然，托马斯非常热衷于发现那些不可能的替身，但他往这一名单上添得越多，其理论反而变得越发不具说服力。要完成这些骗局，需要进行相当大规模的密谋，而在他最近关于希姆莱的书中，已经能非常明显地看到，除了有一些是经过严格检验的医学证据外，没有任何历史的或法医的凭证。

至于真实的赫斯、希特勒、布劳恩、希姆莱等究竟发生了什么，托马斯却无话可说。不过这一空白在新世纪交替之后的文学作品中则被许多其他作品用想象填满了，其中就包括罗恩·T·汉斯格（Ron T. Hansig）的《希特勒的逃脱》（*Hitler's Escape*，伦敦，2005）。而引起媒体极大兴趣的是《灰狼：希特勒的逃脱》（*Grey Wolf: The Escape of Adolf Hitler*，伦敦，2011），作者是两位英国记者，杰勒德·威廉斯（Gerrard Williams）与西蒙·邓斯坦（Simon Dunstan）。2013 年 4 月 11 日，《太阳报》在报道该书时称它“引起了轰动”。在这本书中，希特勒从他的柏林地堡中成功逃脱，与他的情妇伊娃·布劳恩生活在“巴坦哥尼亚的荒野上”。在这期间，根据作者的描述，希特勒夫妇还生育了两个女儿，“她们大约 10 年前都还健在”。显然，当红军向柏林发起进攻的时候，希特勒夫妇早已经过一条密道从地堡中逃走了，由两名替身留在地堡中并上演了自杀的骗局，而苏联红军当初所找到的就是这两个替身的烧焦的尸体。希特勒一家则搭乘一艘潜艇逃到了阿根廷，在靠近巴里洛切的某个地方安顿下来。在那里，饱尝折磨的元首在之后的岁月中一直密谋着“第四帝国”的建立，一直活到73岁，于1962年去世。《太阳报》引作者的原话称，这是“历史上最巧妙的手法”：

> 据说，作者在2011年10月28日曾告诉《每日邮报》，说书中的证据“耸人听闻”，他们还告诉《天空新闻》：“我们并不想重写历史，但是我们发现的有关希特勒逃脱的证据却耸人听闻，是不容忽视的。迄今为止还没有希特勒或伊娃·布劳恩之死的法医证明，但他们在阿根廷的生活确有目击证人，而这些证人的讲述又都无不令人信服。”

当然，如同批评家们所指出的那样，这里的问题在于作者所添加的尾注变得模糊不清，当涉及是什么支持其关键言论和是否允许读者去检验时，便闭口不谈。另外，他们对证明地堡里的尸体属于希特勒和伊娃·布劳恩的大量切实证据——包括已被希特勒的牙医验证为实的那些牙齿，都一笔带过或彻底略过不提，被忽略的还有那些由休·特雷弗–罗珀（Hugh Trevor-Roper）在战争后立即收集的、随后收入《希特勒的最后时日》（*The Last Days of Hitler*，伦敦，1947）中的希特勒随从们的目击实录。最后，作者也并没有对他们所相信的希特勒和伊娃·布劳恩留有两个女儿生活在阿根廷这件事进行探究。再次，这样一个要依靠假设一个巨大的阴谋去压制真相的理论历经了好几十年，涉及无数专业历史学家、目击证人、档案、官员、调查人员、记者及许多其他相关人员。书中很少涉及作者的历史观，作者也忽略了已有的研究，使这部作品成了一种蓄意的欺骗，成了追求真实过程中的一次严重失败。

从方法论上讲，这类充满谬误的历史调查与否认犹太大屠杀这种政治驱动下的现象是紧密联系的，这种投入了巨大法医力量的政治驱动旨在证明："二战"期间的600万犹太人并非纳粹所杀，奥斯维辛也没有集中营，希特勒也没有计划要屠杀犹太人，而历史学家们整理出来以证明这些事情的证据，其实都是战后由犹太人策划的阴谋所编造出来的。像托马斯或威廉斯与邓斯坦这样的作者，其目的相对来说是没有政治动机的，也的确不能将他们称为犹太大屠杀的否认者，因为那些杀戮者通常是由反犹太主义、种族主义、新纳粹主义或宗教极端主义等驱动的，借助他们的研究（这些研究通常都有大量学术性的脚注，并都冠之以“历史研究所”之类听起来很庄重的名义）来试图说服人们相信，是庞大而罪恶的犹太阴谋操控着大众媒体、历史专家、政府官员、高等学府及政治党派，目的是要逼迫他们压制真相，为其自身利益而主宰公众的视听。

这种类型的阴谋论，通常都是建立在这样的基础上的，即声称已有知识是“官方”知识因而不可相信。这种理论的更为极端的表现形式（如果可以这样认为的话）出现在小M · 罗伯特 · K · 特斯克（M. Robert K. Teske，Jr.）的《欧米茄档案：军工/纳粹/外星人关系及“第四帝国”的美国渗透》（*The Omega Files: The Military-Industrial/Nazi/Alien Connection and the Infiltration of America by the Fourth Reich*，纽约，2012），该书的宣传简介是这样开始的：

你即将阅读到的内容颇具争议性，可能还会冒犯部分读者。建议谨慎阅读。(注:文中所用之“外星的”一词,可任意代之以“恶魔的”“堕落天使”“超自然的”“神秘的”等,因为其中之任何一个,在本书之语境内均可适用。)……如果如已故的J·艾伦·海尼克(J. Allen Hynek)所说的那样,40个人中有1个以上——或者根据最新资料来源来说,10个人中有1人曾因“外星人/秘密政府”计划而被劫持或“处理过”,那么你一定知道曾遭受过这样劫持的某人,而他也知道劫持之事。这里的信息便是专为他们而提供的。而对于那些还不是“UFO(不明飞行物)劫持者”的人,这份档案的信息也是非常重要而有用的,并可能会在某天拯救你的性命!!!……这份文件中包含了关于全球阴谋的极其错综复杂而又相互联系的很多细节,这个全球阴谋似乎根植于一个外星人—军工的联合协作当中,目的是要通过实现一个时常被称为“新世界秩序”的全球性政府,将所有自由且相亲相爱的地球子民纳入其统治。

书中称飞碟是由纳粹在战争结束前造出的,供第三帝国领导人逃跑时使用。这些领导人之后都藏匿在世界各个地方（包括南极洲）的地堡中，正努力建立那个“世界新秩序”。

这些想法看似异想天开，但由公共政策民调基金会（PPP）于 2013 年 3 月进行的一次民意调查则显示，“28%的美国人相信一支秘密的权力精英正手握一份全球主义议程，密谋通过一个全球独裁政府，或者说一个世界新秩序，从而最终统治世界”。29%的人相信外星人的存在，21%的人相信 1947 年曾在新墨西哥的罗斯韦尔有过UFO坠落事件，而美国政府却将真相掩盖了。类似的看法在共和党人中比在民主党人中更为盛行（尽管民主党人中只有 15%相信“世界新秩序”理论，但仍然有 6%认为巴拉克·奥巴马是反基督教分子；虽然较之于共和党人的 20%，这个数字低了很多，但还是挺令人吃惊的）。这些想法都是对政府极端不信任的一种隐喻式表现，人们将政府象征性地等同于纳粹主义那样的邪恶势力。这种不信任还同时伴随着这样一些观点：认为政府及那些号称正规出版物的成果，比如大学学者及研究人员的成果，都在蓄意掩埋真相；而只有特斯克、汉斯格、托马斯、威廉斯、邓斯坦等少数人，或形形色色的否认存在大屠杀的人，才能真正理解他们的深入研究与尖锐洞察力，才有机会发现这些真相。这种类型的推测，或者说这样的伪历史和小说，与反事实历史和小说是不同的，尽管也有明显的关联。它们号称不是对可能发生的另一种事实的呈现，而是对“真正”历史事实的“真实”呈现。但两者间的界限却极其微小，常常难以识别。

不妨举一个明显的例子，科幻小说作家菲利普·K·迪克（Philip K. Dick）将其小说《高堡奇人》（*The Man in the High Castle*，纽约，1962）的背景设在一个虚构的战后世界，在那个虚构的世界里，纳粹和日本取得了胜利，瓜分了战利品，尤其是北美。但与此同时，书中的主人公读过一本现实中真正存在的反事实小说《沉重的蚂蚱》（*The Grasshopper Lies Heavy*），而那本书却描写了现实的另一个版本，故事中德国与日本战败，希特勒被抓获、受审、判决，大英帝国历经战火而继续存在，中国国民党赢得了内战。到小说的结尾处，书中人物发现《沉重的蚂蚱》描述的竟然是真相，而他们自己则是虚构的。这里，科幻叙事与虚构叙事只有短短一步之遥。在这样的科幻小说中，时光之箭被环境折弯，但可以由时光旅行者返回到原始事件去将事情放置进正确的轨道，从而将这支箭扳直。在这类小说中，作者通常会在某种程度上呈现一个非常真实的事实场景，比如20世纪的英国依旧还有异端裁判所，自1688年西班牙无敌舰队胜利以来，至今英国依旧是一个天主教国家，与早期的现代西班牙大致相同。不过科幻小说作家倾向于在这样的描写中引入完全无历史依据或甚至不具可能性的情节，诸如未来科技、激光枪、时光机器之类，将读者远远带离他们的反事实叙事。

现实与虚构就这样彼此交织，许许多多的另类历史故事也是如此。在那些故事中，相当多一部分都假设希特勒一直活到了后战争时代，当然也有一小部分则假设希特勒还没有上台执政就已死去，或者虽然活了下来但没能当上德国总理。从大部分看来，这类小说都是一厢情愿式想象的经典案例；无论是想象希特勒没有成为德国总理，还是设想他在战后被送上了审判台，几乎都不言而喻地表达出事情会朝着更好的方向发展。不过，这类题材中也有一小部分作品，特别是喜剧演员斯蒂芬·弗赖伊（Stephen Fry）的《制造历史》（*Making History*，伦敦，1996），则提出了更为深刻的问题：在纳粹主义的兴起与获胜中，人为的历史与非人为的历史之间究竟有着怎样的平衡因素？他们的回答是，就算没有希特勒，事情也会以相似的情形发生。你的选择不仅取决于你认为伟人究竟能将历史进程操控至何种程度（不论其出发点是好还是坏），同时也取决于你对希特勒所犯下的纳粹主义罪行的谴责到底有多深，或者（像弗赖伊那样）取决于你在多大程度上将责任归咎于德国人民。最终，如弗赖伊的小说中所清楚表明的那样，这样的幻想——如想象希特勒在战争中苟活了下来——多为娱乐性或其他性质目的。希特勒在纳粹环境中的形象，他所开展的那些集会、游行、演讲以及政治鼓吹活动，一切还那般历历在目，也都吸引着人们去想象他在流亡之时还多少过着传统资产阶级的生活。不过我们从大量证据中就得知，希特勒事实上根本不会想苟活于战败之后。在他的内心深处，他坚信自己是在践行达尔文“物竞天择，适者生存”的逻辑，如果他失败（正如在实际中那样），则唯一的出路便是一死，这也是其他众多主要纳粹分子的信念，包括戈培尔、戈林、希姆莱以及众多纳粹将军、政府部长和纳粹高官等，这些人在战争结束后纷纷自杀，这是历史上规模最大的一次自我殉葬浪潮。

另类历史故事长期以来一直是科幻小说的主流，世界科幻年会自1995年开始便为猜测性历史颁发了两次年度侧面奖[①]（Sidewise Awards）。这一奖项取自默里·莱斯特（Murray Leister）1934年发表的短篇小说《时空的侧面》（*Sidewise in Time*），小说中，1935年的一场异乎寻常的暴风雨，将地球的某些部分带到了与我们历史类似，却又不尽相同的多种时间轨迹上，在其中一条时间轨道上，罗马帝国一直延续至近代，密苏里州的圣路易斯还出现了一支罗马军团；而美国南北战争中南方在一些地区大获全胜；旧金山则被俄国占领。这个故事在科幻小说界大获称道，有效地奠定了现代历史故事的流派基础，并在随后几年中催生了一系列同类作品。从某种程度上来说，现实世界与虚构的另类历史之间的界限是飘忽不定的，现实世界与被称作现实的另类幻想历史之间的界限也是飘忽不定的。

所有这类作品与更为严肃的反事实历史作品的区别在于，后者通常更加关注事件的因果关系，而因果关系在前者中通常都是缺失的或仅仅处于非常次要的地位。反事实历史强调现有因果链中的某一个变化所产生的各种影响，

① 侧面奖，一个专门针对架空历史类型小说的幻想小说奖项，下设长篇小说奖和中短篇小说奖。——译者注

导致了随后历史进程中一系列变化。而另类历史则只是简单地呈现一个与真实世界相似的世界，而不会仔细探究它是怎样形成的。调查性医学或新闻类历史着力于在改变过的历史中建立一个事实，然后用成百上千页的篇幅去“证明”希特勒在战争后依然苟活于阿根廷，或证明那个囚禁在施潘道的“鲁道夫·赫斯”并非其本人，而对那些所谓的发现究竟会对历史进程造成怎样的影响，则并无真正的兴趣。无论是对读者还是对作者来说，这些作品的最大魅力是对那些假想的证据本身的描述机理。

不过，在本质上，反事实历史与虚构历史（由于属于全然的想象而有着更加明显的虚构痕迹）都属同一范畴。虚构历史中的一部分可追溯的记录甚至更长，早在反事实历史变得普遍之前就已经流行。后现代怀疑主义打开了各类作者的思想枷锁，使他们得以想象本可能出现的历史，并且以某种方式将他们的想象行为与真实历史事件及真实历史人物联系在一起。在所有这些流派中，读者与作者达成了一种隐性契约：他们都有过短暂的怀疑，因为他们都知道，去想象希特勒在 1964 年的阿根廷苟且偷生，到底会有多么刺激；去想象英国拒不加入纳粹主导下的欧洲，借以把过去与现在融为一体，这样的做法究竟具有怎样的政治说服力；去想象希特勒没有在战后受到制裁，从道德上讲究竟会让人多么遗憾。因此，想要评估反事实叙事法在研究及理解真实历史进程中的实用性或其他作用，我们就必须将这些巴洛克式的光怪陆离的想象产物摒弃一旁，而去试着更加准确地弄清楚反事实究竟是如何与事实联系起来的。

第四章　可能的世界

反事实，或者说是历史学家所用的反事实这一术语，往往有着许多不同的伪装形式，因此在对其实用性等作用进行总结之前，有必要先将它们从各种伪装形式中区别出来，这一点非常重要。那些受政治驱动的猜想作品，比如那些想象纳粹分子在秘密地堡中活了下来并密谋建立一个独裁的世界新秩序之类，无论它们多么广泛地为人所知，都不是真正意义上的反事实，因为这些故事对探究事件的因果关系没有实际用处。同样，那些没有多少细节的虚假研究，比如希特勒并没有死于柏林地堡或者他逃亡到了阿根廷之类，也都是伪历史调查，并非真正的反事实，因为它们的兴趣只是那个所谓的事实本身，而不是可能导致的结果。还有一些对过去行为的另类书写则是别有用心的，比如斯大林曾试图用喷漆的方式把他从前的对手托洛茨基从俄国十月革命期间或稍后所拍摄的各种照片中抹去，或者斯大林主义历史学家干脆把托洛茨基赶出历史记载等。这种别有用心的改写，在乔治·奥威尔的小说《1984》中有着令人毛骨悚然的再现。主人公温斯顿·史密斯的工作内容就是篡改过去的各种报纸，将那些对现任政治首领的一切证据彻底删除。然而，这种以回顾的方式去伪造历史的做法却并不是真正的反事实，因为它所关心的仅仅只是对全部实际历史记载的一种重现书写，而不是提供一种选择，一种因一个小小的改变而导致整体改变的选择。纳撒尼尔·霍桑（Nathaniel Hawthorne）的《P先生的书信》（*P's Correspondence*）也属于类似的或与此相关的作品：在他所构想的世界里，拿破仑、雪莱、拜伦等人全都一直到活到了他正在创作的时候（1845年），而没有像实际发生的那样早就已经去世了。但这只不过是想象中的另一个现实，就像乔纳森·斯威夫特（Jonathan Swift）的《格列佛游记》（*Gulliver's Travels*）或托马斯·莫尔（Thomas More）的《乌托邦》（*Utopia*）等其他同一类型的小说一样。霍桑笔下的那些人物并没有对 1845 年的世界产生什么影响，只有他们依旧活着这个猜想本身让人感到有趣而已。同样，那些颇有讽刺意味的另类世界，比如大人国、小人国之类，也没有真的对作者所生活的那个真实世界有过什么改变，它们只不过是那个世界的一面镜子。

历史小说似乎属于反事实范畴。在为约翰·斯夸尔爵士的文集《假如历史是那样发生的》所写的序言里，约翰·惠勒–贝内特爵士（Sir John Wheeler-Bennett）讨论了他所谓的"想象历史"，其中包括安东尼·特罗洛普（Anthony Trollope）与本杰明·迪斯雷利[①]（Benjamin Disraeli）的议会小说和政治小说。这些小说都将背景设置在某个可辨识的现代世界或最近的历史世界中——他们的世界设置在维多利亚时期的英国，并有可辨识的机构，如议会，以及可辨识的人物如首相和主教等，不过所描绘的则是从未发生过的虚构事件和从未存在过的虚构人物。从沃尔特·司各特爵士颇具影响力的中世纪小说开始，很多同一类型的小说都可以说是运用了这种方式，但它们都不是反事实的，因为正如惠勒–贝内特爵士一针见血地指出

① 本杰明·迪斯雷利是前文出现的艾萨克·迪斯雷利的儿子。——编者注

的，作者并没有为他们所描绘的平行世界架构任何使之得以建立的因果关系。此外，无论是这些作品还是更广范围内的历史小说，也都没有对基本的历史背景做出巨大改写；他们的作品有对话、有性格特征，也有人物形象，但没有重大的历史事件，没有社会结构，没有组织机构；的确，历史小说家在阅读和参照他们所选定的某一时期的标准历史作品时，通常会在“了解透彻”这一点上遇到无比巨大的困难；比如，希拉里·曼特尔（Hilary Mantel）对都铎政治家兼政客托马斯·克伦威尔的刻画之所以成为一部杰出的成功之作，囊获了无数奖项和大量读者，不仅因为它体现了对作品风格、描述方式及结构的出色把控，而且因为其中的历史真实性为整个描述镀上了一层光泽。

出于同样的原因，在“一战”前写于英国国内的许多小说也不能被归类于反事实，这些小说警告人们，在面对德国的军事扩张时，不能让那种因不涉战而沾沾自喜的情形再继续下去：小说中描写英国受德国军队入侵，最终在德国皇帝的蹂躏下痛不欲生。此外，还有写于 20 世纪 30 年代的那些类似的小说，以及写于 20 世纪 90 年代的欧洲怀疑论小说，比如安德鲁·罗伯茨的《亚琛备忘录》就想象了 21 世纪的英国在欧盟统治的未来场景，但这一场景却与 20 世纪的英国假如真的受到德国统治后可能出现的场景并无二致，也都不属于真正的反事实。罗伯茨想象出的反乌托邦式的未来景象，很显然是基于一个反乌托邦式的真实过去的，不过由于其背景条件是设置在未来的，因此也就无须对已发生过的事实进行任何的更改了。类似地，那些蓄意颠倒历史真相、旨在为讽刺当下局势提供依据的作品，比如乌纳穆诺（Unamuno）或富恩特斯（Fuentes）等西班牙作家的幻想作品，也不是反事实的，因为像玛雅人或印加人发现并征服了欧洲之类的构想并不依靠于改变了的时间轨迹，而是仅仅将事实做了颠倒。无论是基于历史的还是基于虚构的，真正的反事实场景通常会借助经过改变的历史起因而引导出具有深刻意义的历史结局。

很多时候，这些作品是极其无聊的。例如杰里米·布莱克的书就通篇都在描写事情本可能与它们真正发生过的情形如何不同，所有表述都表明，当时的人们并不知道下一步会发生什么，因此他们拥有相当大的选择自由，杰里米一遍遍地重复着这一点。他说“统治者和大臣们”所具有的“自由意志使他们能够藐视政策中的规范性，因为那些政策本来就应该遵循人们对国家利益的理解”，换句话说，大人物的国家利益观与普通人的国家利益观是不必相同的。但这里的问题是，如果将限制他们选择自由的因素排除不计，那我们就完全错误地将选择视作是不受约束的了。包括俄国的叶卡捷琳娜二世在内的很多统治者，都热衷于对政策进行大起大落的突然改变，但那些改变总归是有可接受的底线的；而大量的俄国沙皇之所以遭到谋杀，正是因为他们突破了那些底线。换个不同的例子来讲，针对弗格森就“一战”爆发的原因所做的分析，阿维泽尔·塔克就曾这样评价道：“弗格森创建了一些去语境化的历史代言人，并将他们从更为宽泛的文化语境和经济语境中分离出来，因为这些语境阻碍了决定的做出，而这正好是他自己所需要的。”亦即说假如作者是阿斯奎斯（Asquith）政府的一员，那么他也会希望能做出那些决定。同样，为了创造一个反事实，这里也必须将决策制定人塑造为毫无约束的历史代言人，但这却是很难令人信服的。爱德华·格雷爵士在1914年做出了参战的决定，而这一决定又是在更大的语境中做出的，其本身就已表明：就算所有的大臣都反对参加对德战争并因此而辞职，并导致了自由党政府的最终垮台，英国人也迟早总会卷入那场战争。

布莱克的“反事实”观，无非是认为事情本来是有可能出现不同结局的，但这无法帮助我们解释事情究竟是怎样或为什么会发展成它们最终的样子的，最主要的原因是他更偏向那些“具有复杂性和不确定性的反事实”，而不是那些“有答案的”反事实。归根结底，他的反事实并非真正的反事实，或者说，并不是该题材的其他典型例子所使用的那种意义上的反事实。如果要说他的这些作品有什么作用的话，那便是“让我们更加意识到偶然事件的作用”，但这种作用也并不是非常大，而且这样也再次将偶然性与反事实叙事法混为一谈了。其他反事实文集中的那些文章则恰恰相反，完全避开了猜测，比如塔克就指出，弗格森那本关于纳粹的欧洲计划的文集中收录的迈克尔·伯利（Michael Burleigh ）基于档案资料所写的短文就不是反事实，因为文中根本没有讲到如果将这些计划付诸实现，那么整个战争史将会发生怎样的变化。还有一种属于更大类别的猜想小说，其内容太过局限，根本不值得被称为反事实小说，那便是数量庞大的以军事历史为题材的作品，它们认为那些已经发生的战争完全可能发展为另一种情形。毫无疑问，在这些作品中，涵盖面最广的是丹尼斯·E·肖沃特（Dennis E. Showalter）与哈罗德·C·多伊奇（Harald C. Deutsch）于 1997 年出版的《如果联盟倒塌》（*If the Allied Had Fallen*）。在至少 60 多篇各不相同的文章中，军事历史学家们都认为反事实叙事涵盖了从“如果英国没能将德国无线电通信内容成功解码会怎么样”到“如果斯大林采纳了所谓的沙波什尼科夫方案而沿斯大林防线实施集中抵御会怎么样”。这些猜想许多都是不切实际的（比如，如果希特勒让他的将军们继续干着拿薪水该干的那些工作，而不是一直都在亲自干涉他们，会发生怎样的情形）。这些文章许多都非常简短，从本质上讲都是对“二战”中的战略战术的重新改写，旨在修正各种错误，偶尔也强调一下“二战”参与者所做的那些正确决定。

还有一种次要的反事实叙事则在风格和意图上都有所不同，即如果历史上曾经的一两个首相或总统被别的政治家所取代则发生什么？这样的构想在英国极其流行，在美国也有一定的市场。英国保守派出版商“政客”（Politico）对反事实写作的有意推动，使其成了一种近乎小型产业的文化现象。邓肯·布拉克 2006 年出版的文集《戈尔总统……以及其他从未发生的事》中，专论政治人物的文章有 19 篇，大多是一厢情愿的猜想：阿尔 · 戈尔在 2000 年 11 月成为美国总统从而避免了伊拉克战争；自由党政治家古斯塔夫 · 施特雷泽曼并没有在 1929 年去世，而是活着拯救了魏玛共和国；加夫里洛 · 普林齐普（Gavrilo Princip）在萨拉热窝射出的那发子弹没有打中弗朗茨 · 斐迪南大公，从而 20 世纪也没发生现实中的种种灾难。邓肯 · 布拉克和伊恩 · 戴尔于 2003 年编辑出版的文集《波蒂略首相……以及其他从未发生的事》则更侧重于对英国政客的描写，书中既收录了熟悉的一厢情愿式的幻想，也收录了与之相反的构想文章，可谓二者的混合体。其中有不少文章描写道，就算泰德 · 希斯在 1974 年赢得选举或者玛格丽特 · 撒切尔在 1979 年的选举中失败，事情的发展也不会有太大变化。他们两位编辑出版的另一本文集《鲍里斯首相……以及其他从未发生的事》也大致相同。所有这些文集的确都属于反事实叙事作品，不过他们仅着重于描写个别人物，利用的主要是对这些人物的已有认识，或许再着墨修饰一番，然后便开始认为人物是一切之重，他们（少有例外地）从人物的个人命运的改变出发，继而猜想出一系列重要的历史改变。弗朗西斯·贝克特（Francis Beckett）的《未曾有过的首相们》（*The Prime Ministers Who Never Were*，伦敦，2011）则稍有不同，书中选取了个别英国政客，让他们住进了唐宁街10号。但他们的脸上常常挂着犯罪嫌疑人的表情，其中包括欧盟的创建者奥斯瓦尔德·莫斯利，还有哈利法克斯侯爵，后者做出的继续反抗希特勒的决定在他死后让评论家们百思不得其解。通览所有这些文集里的那些言辞诙谐、无礼不羁的文章，我们不难得出这样的结论：它们都是聒噪阶层[①]用以轻松消遣的产物，或许同时也是对有抱负的政客们的隐性鼓舞。

由于这类新型反事实非常强调目的性——这对读者来说可谓幸事一件，所以并不反感将言论与娱乐兼并，也不反对在猜想中加入奇想与幽默。有评论家曾评论罗伯茨文集中的12篇文章都写得不错，全都具有"娱乐性"，并称赞其"好玩"的本质，称该书为"一本关于偶然性与无常性的赞美诗"。幽默元素甚至潜入到了最严肃的反事实写作中，比如在霍尔格·赫维希的描写里，屈从于德国统治下

① 聒噪阶层，指好议时政的知识分子阶层。——编者注

的绥靖主义英国政府就将威廉·乔伊斯[①]（William Joyce），亦即所谓的“呵呵勋爵”（Lord Haw-Haw），任命为BBC总监。多米尼克·桑德布鲁克于2010~2011年期间在《新政治家》周刊连载的40篇反事实历史文章，明显是以娱乐性为目的（连载最后是一篇预测性文章，其长度是其他文章的4倍，着重描写戴维·卡梅隆所在的保守党领导下的联合政府在其头5年（2010~2015年）中的政治表现，尽管这是站在这一时间段末尾的角度来写出的伪历史文章，但这是该系列中唯一真正严肃的一篇。桑迪布鲁克横贯整个有记录的历史，开篇便写屋大维丢掉了亚克提姆战役，从而让埃及取代了罗马（“长远看来，埃及力量崛起势在必行”），而非洲人则在确信了欧洲人的“愚蠢、懒惰及总体的自卑感”后，在一个最佳时机发起了一场“欧洲争夺战”。征服者威廉在黑斯廷斯之战中失利，而盎格鲁-撒克逊人的势力则一直延续到“大酋长”撒切尔统治时期才告结束，同时还成功地维持了英国在欧洲大陆上的独立自主（或许这里有一点儿欧洲怀疑主义式的一厢情愿）。英格兰

① 威廉·乔伊斯，“二战”中臭名昭著的德国广播电台对英广播节目播音员，后以三项叛国罪被送上断头台。——译者注

的亨利五世一直活到老年，并一度征服了法兰西（更加一厢情愿），还让圣女贞德做了他的情妇（这倒有可能），不过这个盎格鲁–法兰西联合王国却在后来远离它的臣民，以至于在1789年时，查尔斯·詹姆斯·福克斯（Charles James Fox）领导的共和党暴徒攻占了伦敦塔，使得君主制被就此推翻。在桑德布鲁克的两部幻想小说中，天主教都在英国获胜，而如今的英国则由“红衣教主道金斯”（Cardinal Dawkins）领导，但没能进行工业化，从而陷入了“一场噩梦当中：20世纪30年代的内战、左翼对神父与修女的大肆屠杀，以及因马格里奇（Muggendge）的长期极端教士统治而引发的反抗运动”（这与那些一厢情愿地幻想新教在早期现代英国就已失败的常见描述可就背道而驰了）。

这一切都是那么的风趣，而桑德布鲁克也决意保持这种风格，因此他谨慎地避开了那些有可能让人觉得过于严肃的题材，比如像纳粹对英国的可能占领之类。而在描写当下时，他将引人入胜的反事实叙事更多地聚焦于英国政治，通过机敏地让那些人所皆知的历史故事发生逆转，巧妙地设置与当下并线的多条线索，增添种种迂回曲折的意料情节，达到诙谐风趣的效果。对于这些充满智慧、巧妙构思的短文，我们不必满心热切地进行多余的分析。当然也不难发现，多数时候桑德布鲁克并非是要呈现一部反事实历史，并不是由事件链中的某个变化引导出一系列其他看似合理的改变，而是描写了一部平行历史，比如说，奥利弗·克伦威尔之子理查德（“农夫迪克”）并没有退休去乡下，而是成为“快乐君主”（Merry Monarch），至于他的王位继承人，按时间顺序则依次为：“荒淫放荡的乔治·克伦威尔（即现实中的乔治五世）”于19世纪20年代继任；“沉迷于酒池肉林的赫伯特·亨利·克伦威尔（即现实中的H·H·阿斯奎斯，那一时期的真正首相）”于20世纪早期继任；甚至在17世纪由奥利弗创立总统制时，其初选阶段还出现了“克伦威尔兄弟俩，赞美之神和爱德”（即米利班德兄弟，曾于2010年争夺工党领导之位，此处不再赘述）。

在这部由一系列短文组成的长篇作品中，桑德布鲁克遵循了尼尔·弗格森在《虚拟的历史》后记中所设定的步骤。《虚拟的历史》一书描写了从1646~1996年的架空历史，于1996年完成。弗格森十分热衷于攻击“决定论主义者”，后者认为他所描述到的那些有另外可能性的历史进程始终都是无可避免的，弗格森在其后记中将我们所已知的真正发生过的事件以一系列“反事实”形式呈现出来，从而一再强调事件的偶然性。该书以保皇党在英国内战中的获胜开头，接着便对那之后的历史展开了叙述：斯图亚特家族成为立宪制君主，其政治灵活性与军事技能使美洲殖民地得以保留，并通过金融改革避免了法国大革命；此外，工业化的实施使生活水平得以提高从而平息了工人阶级的不满，马克思因而成了一位“千禧年犹太先知”，而列宁则成了一位东正教神父（之后以德国间谍身份遭到处决）；神圣罗马帝国以奥普联盟的形式实现了改革，又以分权联盟的形式度过了19世纪，并于1915年在“一战”中获得胜利，而英国则保持了中立。其结果是“欧洲联盟”的建立，这个欧洲联盟尊重大英帝国的完整性，但最终还是受纳粹影响而转型成一个“领袖国家”，它还占领了法国并侵略英格兰，迫使后者加入新的“德国–欧洲联盟”。在东部，德国击败了俄国人，不过希特勒却被施陶芬贝格预先埋好的炸弹炸死了，这一事件摧毁了德国士气，朱加什维利族长（斯大林）领导的俄国乘机发起了反击。日本把美国拉入战争之中，但后者反攻日本的行动则遭到了失败，最后是俄国控制了欧洲。在英国，撒切尔首相输掉了马尔维纳斯群岛之战，由迈克尔·富特接任首相之职，但他灾难性的领导不仅致使西方经济政治崩溃，使跨大西洋联盟瓦解，还使大英联合王国也四分五裂。这就为未来的东方统治开辟了道路。

书中前面的文章将所有进程打乱，再聪明地将一切编织在一起，这种具有高度娱乐性的描述能让读者嘴角频频泛出笑意。不过这本书与《虚拟的历史》中的基本思路在许多方面都背道而驰。首先，该书明显地旨在用约翰·斯夸尔爵士文集中的风格来表现某种“游戏精神”（作为娱乐则要高出很多）。然而，弗格森的目的，正如他本人在序言中所说的，则显然是要杜绝这一点，并将反事实历史视为一种严肃的学术工具来进行创作。其次，该书在其后记中所呈现的实际上并非反事实历史，亦即并非改变某件事或某个环境，并经由一系列富有逻辑性的因果关系，而导致未来某个时间内的事态发生变化；这个后记也像桑德布鲁克的文章那样，呈现的是一段与真实历史相重合的平行历史，只不过将每个步骤都做了更改。因果关系被抛之于脑后，也并不试图引导读者去考虑事件模式中的某个变化可能会怎样影响到其他事件。比如，它只是单纯地假设如果17世纪时查理一世获胜，那么他也是会将立宪君主制引入英国的，但并没有给出任何理由去说明这件事为什么会发生。弗格森则必须清楚地说明事件的因果关系，才能将历史大致扳回正轨，因此他不得不写到“一战”和“二战”，否则整个描述便会脱离真实事件的发展路径太远，也就不能成为历史进程的一面镜子。但这整个过程却太过专断，既忽略了可能的因果关系，也忽略了可能出现的偶然性干扰。

举个例子，在弗格森的“虚拟的历史”中，阿根廷在1982年的马尔维纳斯群岛之战中获得了胜利。但他所要表达的核心自然是：如果查理一世在17世纪时战胜了议会党人，那么在接下来的三个世纪中（虽然难以预测）所发生的事情可能会使马尔维纳斯群岛之战并不存在，因为像马尔维纳斯群岛之战这样的事件是特定历史环境的产物，而事实上这种历史环境又是基于之前的一系列历史环境而产生的，换句话说，这是一条漫长的因果关系链。的确，如果查理一世真的战胜了议会党人，那么340年后的撒切尔夫人就不可能成为英国首相，因为客观环境将不会允许女性参加选举，所以她作为议会代表领导政党这种事就不可能成为现实。改变历史万花筒的一部分，对其他事件所造成的撼动是非常难以预测的。运用这样的描述方式，弗格森完全摒弃了他在之前的书中所谨慎遵循的一切规则和因果关系，展开了对历史的疯狂幻想。

这种疯狂的幻想也绝非是中立的。一个描写大英帝国（包括北美以及被斯图亚特所统治的地区）与神圣罗马帝国一同存活到了20世纪、没有法国革命和俄国革命等许多重大事件的反事实，是一种保守主义的一厢情愿，带有隐含报复的性质。尽管阿维泽尔·塔克声称弗格森产生出这些想法是为了实现“某种个人的空想”，但其中却不乏诸多消极元素，尤其是马尔维纳斯群岛之战的失败、迈克尔·富特首相的灾难性领导、东方崛起的不祥征兆等，都是指向未来历史的一种警告。保守主义的欧洲怀疑论也再次出现，含沙射影地将欧盟描绘成一个扩张后的德意志帝国，只是在结局处才不得不将其摧毁。这类构想已经走得太远，没有丝毫的可行性，而它们自身也显然地意不在此。仅以两个例子来说：一是即便斯图亚特家族真的在17世纪获得了胜利，若没有更深层的社会及经济因素起作用，也是不大可能使英国从此成为君主立宪制国家的；二是奉行专制主义的斯图亚特王朝时期的英国，同样是不大可能在工业、政治、科学、技术及社会上取得很大发展，从而足以巩固英国在19世纪的帝国统治的。

正如我在之前已经提到的，如果欧洲真的处于德军的统治之下，那么1915时的大英帝国是无法继续保持其原先的样子的，因为如果那个更加弱小的德国在“一战”中获胜，那么在这之前的15年，德国早就应该在觊觎英国了。历史记载显示，迈克尔·富特在马尔维纳斯群岛之战投入的人力资本和政治资本都与撒切尔投入的一样多，因此战争的失败同样也会伤及他本人（尽管可能也有人猜测这会使撒切尔在随后的选举中为自己赚得一张同情票）。另外，弗格森的平行描述还与他在其他地方所建立的反事实猜想相矛盾。比如，在文集中那篇他自己的文章里，他就曾假设（我们在前面已经看到）如果德国在“一战”中获胜利，则魏玛共和国内就不会怨声四起，不会频发经济灾难，从而也就不会导致魏玛共和国的覆灭与希特勒的上台，然而弗格森还是在其后记中让希特勒掌权了。虽然我们不会太重视他的后记，但他的这种自相矛盾却无疑反映了个人专断在这类猜想中的流行之广。

对个人专断的质疑在反事实文章里也会得到强调。有些反事实文章，在确定了那个最初的事态变化之后，便开始描述一系列随之而来的其他变化，而不是试图构建一个清晰的特例用以说明各种后果之间的因果关系。举一个罗伯茨文集中的例子，天主教历史学家安东尼娅·弗雷泽以一个“乐观”场景开头，让1605年的“火药阴谋”成功炸死了国王和议会，之后便是伊丽莎白二世登上王位成为新的君主（史称“冬天女王”，还在1618年的“三十年战争”之初以信奉新教的普法尔茨选侯妻子的身份成为波希米亚王位的拥有者，只是因为选侯很快被推翻，所以她对波希米亚王位的占领也就夭折了），天主教与新教徒达成了和解，建立了宗教宽容政策，并与法国结成了紧密联盟等，所有这一切都是一厢情愿的美好想象。不过，她也提到了一个“历史遭到无情打击”的“悲观”场景，承认了宗教冲突的继续。

不过更令人惊讶的是，很大一部分反事实猜测在结尾时都总结到，事情最终还是会走向与现实一样的历程。在弗格森的书中，约翰·亚当森描写的查理一世获胜对最终的结局并没有产生多么有意义的影响，因为军队力量将有助于议会势力的日渐强大，从而暗示着内战与查理一世的被处决对历史并非起决定性作用。像弗雷泽的文章一样，这包含了一种强烈的一厢情愿色彩，但同时也承认偶然事件对历史进程的有限影响，这便否定了编辑者所声称的偶然性与意外在历史中的至高地位。在安妮·萨默塞特（Anne Somerset）的文章中，即使1588年西班牙无敌舰队入侵成功继而菲利普二世征服英国，结局也没有太大改变：恢复天主教并无大碍，英国自主权也会保留，议会依旧召开，莎士比亚照旧写他的惊世之作。在西蒙·塞巴格·蒙蒂菲奥里（Simon Sebag Montefiore）的作品中，当1941年6月德国发起侵略并于6个月后抵达莫斯科的国门时，斯大林慌了阵脚。他逃离了苏联首都（现实中，他犹豫再三后最终还是决定留下，但毕竟他曾经差一点儿逃跑），随后苏联被逼弃城。但是外交部部长莫洛托夫和苏联共产党抓获并枪决了斯大林，前者取代了后者之位，伟大的朱可夫元帅成功发动反攻，苏联红军最后依旧赢得了战争。莫洛托夫一直在位，直至1986年逝世，随即米哈伊尔·戈尔巴乔夫接任，在一系列改革后将苏联带向了终结。换句话讲，从长远看来，就算斯大林在 1941 年 12 月弃城而逃，对结局也不会造成任何影响。同样地，在康拉德 · 布莱克（Conrad Black）的叙述中，日本并没有轰炸珍珠港，可美国还是加入了战争以对抗轴心国；而乔纳森 · 哈斯拉姆（Jonathan Haslam）得出的结论则是，就算苏联与西方不曾有过意识形态的冲突，但出于地缘政治原因，冷战也终究无可避免。

大量的这类文章都会给出理由，用以说明反事实为什么是克服“决定论”的一种工具，但那些理由都存在局限性，从大历史因素优先于更小的、人为的、具有偶然性与随机性的事件与状况这一意义上来说，除了弗格森对一厢情愿式幻想的批判外，就连他那本书中的其他人的文章，还有罗伯茨文集中的文章以及其他一些作品，也都再次一头栽进了这样的陷阱：假如事情能以不同的方式发生，则结果有可能会变得更加美好。在罗伯茨的文集里，右翼英籍波兰历史学家亚当 · 扎莫伊斯基（Adam Zamoyski）在文中想象了 1812 年拿破仑打败俄国后的世界，那是一个既没有社会主义，也没有孕育战争民族的世界，俄国则被驱回了欧洲边界，因而无法像现实中那样在整个 19 世纪及

20 世纪大部分时间里去镇压波兰。不过扎莫伊斯基也非常公平地描绘出一个这样的未来：欧洲形成了一个与欧盟极为相似的组织，发展繁荣且紧密团结，但因受制于官僚体系而压制了经济和文化积极性。扎莫伊斯基文章中的欧洲怀疑主义构想十分明显，正像诺曼·斯通（Norman Stone）所猜测的，假如 1914 年萨拉热窝暗杀斐迪南大公的行动失败了，那么奥斯曼帝国势必会在随后的一段时间发生内乱，并被英国和俄国瓜分（从而俄国撤出欧洲，大英帝国势力得以巩固）。缺席了这场盛宴的德国和法国，则联手建立了一个也是类似今天的欧盟的经济联合会，但英国却独善其身，成为发展繁荣的世界强国——又一个欧洲怀疑论主义的一厢情愿幻想。在安德鲁·罗伯茨的文中，列宁在 1917 年遭到暗杀，布尔什维克党选择了一条更温和的道路，自由党人亚历山大·克伦斯基以和平手段结束一切，立宪制下的俄国在 1938 年协助击败了纳粹，推翻了希特勒与他的第三帝国。在所有这些猜想中，一厢情愿的主观幻想压倒了应有的历史意义，对数十年中各种后果的推测也太过于广泛深远，因而也就无法使人信服。

在罗伯茨的文集中，右翼记者西蒙·赫弗（Simon

Heffer）设定首相撒切尔在 1984 年布莱顿保守党大会的爆炸事件中身亡，（当然，现实中她幸存了下来），其继任者迈克尔·赫塞尔廷（Michael Heseltine）既是一位非常有魅力的托利党人，又是一位彻底的亲欧洲人士。由于赫塞尔廷在其政党与其亲欧洲政策之间造成了严重分离，才为 1992 年工党在选举中的成功制造了机会，文章显然落入了“若非天恩眷顾”的模式当中。但伤害已然造成，“英国势必演变成一个高税收、低效率的国家，就像现代的法国、德国或日本那样”。同样，在一篇闹剧式文章中，戴维·弗鲁姆（David Frum）猜想，美国总统戈尔出于对环境保护主义者的质疑、对政治正确性的顾虑以及对国际组织的尊重等，在面对基地组织于 2001 年撞毁纽约双子塔事件时，无法给予应有的恰当回应。该类型的针对各种政治驱动的构想还有很多，其根据是，分裂工党的正是撒切尔夫人及其后期所持有的欧洲怀疑论，而赫弗描绘出的法国、德国及日本的负面形象就算是在 20 世纪 90 年代也无法为多数人所认同。同样的猜想还有，2000 年成功当选美国总统的乔治·W·布什被人们一致认为是美国现代史上最无能的总统，而他缺乏深思熟虑的对阿富汗与伊拉克发动的非法侵略到最后也没有起到多大的实际成果。

大量这类文章都忽略了弗格森曾提过的一个要求，即在创作反事实时，也只有那些经过当代人有意识的真正思考过的可能素材，才值得加以考虑。在实际中，这些文章都将某种神奇的反转力量扔进历史行动当中，要么是一枚置玛格丽特·撒切尔于死地的炸弹，要么是一场使阿尔·戈尔得以上台的选举，或是实际中被打败的某位将军赢得了一场军事胜利，或是其他某个无关决策者的历史情形的颠覆。1914 年的格雷，抑或是 1940 年的丘吉尔和哈利法克斯，大概就满足弗格森的要求，但没有几个历史学家照着去做，他们在编写反事实场景时，更愿意聚焦那些打上马赛克的历史碎片。当然，这是因为如果要求将某个决定作为写作的起点，那么反事实的操作范围就变得异常狭窄。不过说到底，这个领域本身就已经足够狭窄的了。反事实几乎总是围绕着历史中的政客与政策、外交事务、战争及政府进行假设的，而且也仅仅是对这些领域的事件进行解释。

一些“反事实历史”的提倡者及践行者也赞同这一点，从借助反事实以恢复对伟人的信仰的罗伯特·考利，到类似承认“反驳一切必然性深深吸引着历史学家，他们致力于研究历史中偶然事件与人类行为具有直接的核心影响的那些方面，例如政治历史和军事历史”的杰里米·布莱克。从查理·马特、西班牙无敌舰队，到滑铁卢战役和“二战”，千篇一律的话题在反历史领域中出现的频率高得令人吃惊。在安德鲁·罗伯茨的12篇文章中，有9篇关于战争；另外3篇分别是猜想如果“火药阴谋”成功、如果玛格丽特·撒切尔在布莱顿爆炸事件中身亡，以及如果阿尔·戈尔而非乔治·W·布什在2002年中成功竞选总统，各会发生怎样的情形。事实上，考利的第一部文集就是专门写军事历史的；但也有极少的一些反事实偏离高层政治及战争这一主线，比如威廉·H·麦克尼尔（William H. McNeill）的文章就讲如果土豆没有进入欧洲会发生怎样的情形，而《重塑西方》中所收录的乔尔·莫基尔（Joel Mokyr）、彭慕兰（Kenneth Pomeranz）等人的文章则讲述了各种不同形式的经济史。

正如特里斯特拉姆·亨特所指出的那样，对绝大多数反事实主义者来说，在各种版本的“假如”历史中占据中心地位的是那些手握权力的人物，是那些将军、总统以及革命者做过什么或没做什么的故事。官僚主义也好，思想观念也罢，抑或是社会阶层，较之于约瑟夫·斯大林的个人浮躁或弗朗茨·斐迪南的身体素质，都是不足挂齿的。不过，颇具悖论意味的是，反事实描述一旦开始进行，处于幻想之中心地位的人物特征则被拉到了幕后，而注意力则完全集中在了普遍的语境因素上。这些语境因素又因掌权者被杀（或没被杀）或做了一个与实际中刚好相反的决定，或赢得（或失掉）某场战争等其他原因而受到影响。事实上，卢博米尔·多勒策尔（Lubomir Dolezel）就认为，在反事实写作过程中，“历史学家集中于改变重要的（全球性的）社会、政治、经济或军事历史情境”，而不是去改变或塑造某些个别人物。“对于反事实历史来说，人物的有趣之处只在于充当了有关社会历史相关行动的‘领导人’，或偶尔作为重要历史性事件的施动者。”若拿破仑赢得了滑铁卢战役，则世界政治秩序将得以改变；若“火药阴谋”成功，则英国将变为天主教国家；若弗朗茨·斐迪南没有遭到暗杀，则“一战”便不会爆发，继而随后的整部欧美历史也将被改写；若英国在“一战”中袖手旁观，那么欧洲联盟就会在那时建立起来。

正如这些以及许多其他例子所表明的那样，反事实主义几乎专门聚焦于传统的、过时的、曾在20世纪50年代占主导地位的政治、军事及外交历史。甚至在《重塑西方》一书中，大部分文章也是集中于讲述战争和革命。事实上，或多或少地，这些著作必须这样展开。大规模的反事实叙事是不足为信的，这也是反事实的本质所决定的。例如在杰弗里·霍索恩（Geoffrey Hawthorn）的书中，14世纪未遭受黑死病侵袭的法国，却在18世纪因生育率下降而实现经济加速增长，但无论是极其不可能的起始条件，还是像英国那样因劳工短缺和高度消费需求而促成了300年后的工业发展这样有力的历史关联，全都不足以支持这种大幅的跳跃。同样，乔尔·莫基尔在设想如果没有西方的工业革命全球科学技术将会怎样发展时，也不得不承认说："如果不是被西方甩得足够远，那么东方科学是否就不会以我们难以想象的速度，经历翻天覆地的发展呢？要想准确地知道这一点是极其困难的。"因此，这本身就是对反事实历史提出的深远言论进行质疑的一个主要原因：它不仅是认为，而且是在隐晦地宣称，政治和战争才是历史研究的最重要话题；换句话讲，它提倡一种狭隘、传统的历史研究方法，而这种方法是大部分历史学家早已弃之不用的了，但其领域则是反事实几乎总是难以展开的地方。目前，世界上最富创新精神的历史学家都在倾力研究社会、经济、文化史，研究全球化的、跨国际呈现的历史，而不是研究政治史或外交史。

当谈及一个超越政治或军事的更大范围的历史时，弗格森便又退回了某种决定论主义上。因此，在他的《文明》（*Civilization*）一书中，弗格森在解释欧洲曾在1815~1914年期间主导世界这一事实时指出：欧洲经济建立于竞争基础上，欧洲科学胜过中国及其他文明国家的科学，欧洲法律尊重产权并使稳定政体得以产生，欧洲医疗提高了健康状况和预期寿命，欧洲社会建立于消费文化之上，且欧洲人比世界上其他人都更勤奋。经他一章一章地阐述这些因素，读者对这些内容的印象无可避免地不断累加起来。这些全都是长期发展的结果，其源头可一直追溯到中世纪末——如果不是更早的话。到了1800年，这些影响因素全都成为现实，使1815年后的欧洲霸权势在必行。替代性假说——即反事实，不会描写这种历史，尽管按照弗格森的观点它们会破坏掉他试图运用的大量解释。

在对大量历史事实进行改变加工时，如果连弗格森都隐约地承认反事实是不合适的，那么无论是政治驱使下的一厢情愿式的幻想，还是一系列具有可信度的因果关联，当粗心的实践者在试图将反事实运用到某个更加具体的叙事时，他究竟如何才能避免掉入众多的潜在陷阱呢？杰弗里·帕克和菲利普·泰特洛克曾为他们的文集《重塑西方》中的文章制定了一些关于反事实历史的基本原则。按他们所说，必须得有的一个规则是“最小改写”，这个规则与弗格森的观点一致，也就是要避免个人专断。另外一个规则是保持其他条件不变的“余者皆同”，换句话说，也就是规定反事实必须只能在因果关系链上做一处改变，而其余的一切则需要保持与现实中的一致。因此，正如阿维泽尔·塔克指出的那样，在弗格森的文集中，乔纳森·克拉克的反事实猜想（假设 1688 年“光荣革命”不曾发生，则美国可能会继续作为大英帝国的一部分）是毫无意义的，因为在初始条件的改变中就已经忽略了“余者皆同”的规则，也就是说，其初始条件过大，无法使作者的构想保持历史的连续性，因为英国不得不被彻底地改造成一个完全不同的社会和政体，才有可能避免发生“光荣革命”去推翻天主教独裁统治者詹姆斯二世，产生荷兰新教君主威廉三世。

凭借自我克制而使反事实场景不至于被推到过于遥远的未来，这是帕克和泰特洛克提出的第二条原则，在践行这一规则时，他们还在克拉克关于“长远场景中存在不合理性”那个具有毁灭性的观点之上添加了这样的内容：“作者们越是企图深入探究他们那反事实世界的未来，他们的关联性原则就变得越脆弱。”最后，为了避开卡尔曾谴责过的现象（其他反事实文集中的大量文章也都存在过这种缺陷，即无可救药地陷入自我中心的泥潭），帕克和泰特洛克要求作者们在描写时要观点清晰，要有自我批判的精神，就像所有历史学家所应该做的那样。以这样的心胸写出的文章才能经受严峻的考验，才能判断其是否为历史知识或历史理解做出了贡献。在该书最后的概述里，两位编辑明确指出，那些“侥幸脱险”的反事实显示出，一个重要的决定或事件是多容易就可能向另一个方向发展，而在某种意义上说，这对于现代人认识事件的多种可能性是非常有用的。但这并非重点。使用侥幸脱险的反事实的真正有趣之处在于强调这类可能性的局限性以及操作这些反事实时所受到的各种制约。

以描写纳粹党的夺权为例，我曾在我的《第三帝国的来临》（*The Coming of the Third Reich*）一书中指出，1933 年摆在德国面前的选择，从根本上说只是一个“二者必一”的选择：要么是军事独裁，要么是纳粹独裁。正如帕克和泰特洛克从亨利 · 特纳（Henry Turner）的实证研究中受到启发后所说的那样，毫无疑问，从 1932 年年底到 1933 年年初，无论是选民的支持率、自己的经济来源，还是党内的凝聚力，当时的纳粹都是正处在不断衰落之中，而且如果你能理解在 1933 年 1 月 30 日将希特勒送上总理之位的那一系列复杂的政治谈判所经历的诸多曲折，你便会发现机遇在其中所发挥的作用。不过我们并不需要谁用反事实来告诉我们这一点，而事实上帕克和泰特洛克也并没有这样做。除此之外，既要侧重描写兴登堡（是他的努力使希特勒成为总理）身边的那一小部分决策者，同时又要不可避免地强调诸如“个人喜恶、受伤情感、友谊恶化、复仇欲望”等偶然性因素的影响，这样做是忽略了纳粹得以迅速滋生的大规模杀戮性街头暴力的大背景，忽视了德意志国会的全面治理混乱（最终在混乱中解体），忽视了共产主义分子和纳粹分子在议会室中朝彼此高喊各自的口号，又联合一气来否决政府提出的所有措施。这种难耐的情形是不可能持续下去的，尤其当还处在一场大规模经济危机当中时：1/3 的人口失业，全国各地无数企业破产，银行倒闭。唯有通过某种形式将纳粹引入政府，政治危机才有可能得到解决。从 1932 年的 7 月选举到同年的 11 月选举，纳粹的确在政治上处于衰落期，这使帕彭和兴登堡身边的保守党成员误以为他们可以控制他们，这后一点虽然是致命的，但并非是关键原因。真正的关键因素是那支纳粹冲锋队，因为正是这支纳粹冲锋队，恰如军队领导人施莱谢尔将军（General Schleicher）所担心的，使得武装暴力不断升级，将整个国家推向了内战的深渊。

从 1930 年最后的民主政府倒台之后，整部德国历史就已收窄了可供选择的空间，排除了重返民主的可能性。这一点至少是大部分当代人都认可的。可能有人会猜测，像施莱谢尔将军这样的人，如果掌控能力更强些，那么兴许就有可能让代表军队的人上台执掌德国，而不是纳粹；虽然也可能面临两种可能，一是被武力镇压，二是实现某种联合。前者执行起来会非常困难，毕竟冲锋队的数量远远多于军队自身的士兵数。而且，就算真的发生了，人们也有理由做如下的猜想：鉴于陆军军官的政策以及重新签署凡尔赛条约、重新武装全体国民、再次武装莱茵区、进攻奥地利和捷克斯洛伐克等目标，一句话，鉴于他们致力于为1918年的战败一雪前耻，尤其还因为他们将需要把纳粹剔除出局，所以还是会导致一场欧洲整体大战迫在眉睫。而事实上，一个联合政府真的组建了起来，将纳粹、保守党和军队汇集在了一起。希特勒完全压制其联盟搭档，在几个月后建立了一党专政。劲头十足的纳粹分子、无所不在的街头暴力、领导人残忍无情的野心，所有这一切都足以为假设佐证。

这些想象的场景为理解历史所做的贡献是，它清楚地表明了在1932~1933年，无论是魏玛民主制的立刻恢复，还是维持欧洲的国际现状，都不是当时的可供选项。其意图并非在于主张1933年的德国政治家拥有操纵局势的自由，而恰恰是他们缺少这样的自由。同样，1934年1月，奥地利社会主义者举行了反抗多尔弗斯独裁的起义，却在几天后便被军队以武力镇压下去了，这段经历也可以表明，就算共产党和社会民主党在德国联合起来，他们也无力抵抗德国武装力量或者纳粹的暴力行径，更别提同时对抗两种力量。这样说的目的在于揭露类似叙事中的任何形式的一厢情愿，或换句话说，是为了在描写 1932~1933 年的德国历史事件时能更加强化真实历史的叙述，而不是强调这一关键点所具有的未来开放性，因为所谓的开放只不过在最低限度的意义上是开放的。这类猜想非常符合帕克和泰特洛克的“最小改写”或“侥幸脱险”或对可能替代事件的短期猜想等标准，尽管没有达到他们认为这些猜想应该具有的目标，但到底是运用反事实所惯用的方法勉强符合了“反事实”描写。

在另一领域中，有人认为德皇威廉二世没有意识到俾斯麦实现德国统一的不确定性，而将这个过程视为历史注定的，帕克和泰特洛克对此抱以批判态度。他们认为：“讨论这件事的唯一方法，是通过一系列的反事实假设，看看要变更 19 世纪中叶的欧洲历史轨迹，究竟有多么容易或者有多么困难。”但这根本就不是事实，实际上，只要援引俾斯麦、德皇以及他们那个时代的人就该话题的言论，就能很容易地得出结论。俾斯麦认为德国在欧洲及世界的地位是不稳定的，而皇帝则不这么认为，但两人都用政治家的言行体现了各自观点，这就是事实。我们只需要一个简单的真实描述，就能很好地说明德国统一的问题——只要我们没有沦为普鲁士派历史学家所持的必然主义牺牲品[1]，实际上，我们只需要一个关于萨多瓦战役的简单而真实的描述，而无须进行任何清晰的反事实猜想，便已经能看出偶然性在这一过程中所发挥的作用，不过当然，皇帝的确认为萨多瓦的胜利是注定的。这里的关键在于这两人的想法；而历史学家也不必为了理解他们的行为而去判定他们的是非，尽管俾斯麦所成就的一切在最后都被皇帝损失殆尽，并带着他的德意志帝国在"一战"中走向了覆灭。总结历史的目的，并非为了证明谁比别人更懂得怎么做才是对的，总结只是对历史的一个总观察罢了。

最后，帕克和泰特洛克都认为，他们所说的"倒推式反事实主义"（reversionary counterfactualism），因为强调的不是短期的偶然性事件，而是长期的大规模过程，这有助于解释诸如工业化进程或国家间力量均衡的变化等，究竟是怎么样和为什么会以那种真实的方式发生。也就是说，

① 普鲁士流派历史学家认为德国统一具有历史必然性，并认为这是普鲁士命运中注定要完成的任务。——译者注

反事实猜想最终回到这样一个结论：就算发生了不同的事件、经历了迥异的过程，但一切终究还是会殊途同归。比如，人们可以做这样的构想：希特勒赢得了对苏联的战争，但毁在了美国的原子弹下，所以无论如何，德国最终依然失败了。这里的观点是说，类似的“思想试验”可以帮助衡量各种各样的非人为因素之于历史结局的重要性。但这里存在的问题是，就算不用所谓的思想试验，我们也照样可以轻松地完成这种衡量。并且，这样的衡量似乎也违反了帕克和泰特洛克关于避免对历史进行长远改写的原则。不管怎么说，没有原子弹的介入，纳粹德国也照样被最终打败了，那么构想使用原子弹又有什么意义呢？

帕克和泰特洛克所区分的短期反事实主义与长期反事实主义，与艾伦·梅吉尔所区分的所谓“有节制的反事实历史”（即“清楚地描述了一个真实历史事件的替代可能性”）与“极度反事实历史”或者“虚拟历史”（即“描写了一个从未在现实中发生的过去历史结果”）是颇为相似的。有节制的反事实历史之所以“有节制”，是因为它起源于一个真实事件，以回溯的目光进行重审，从“观察到的影响”引向“假设的结果”。因此，例如约翰·亚当森被收录在弗格森的《虚拟的历史》中的文章《没有克伦威尔的英国：假如查理一世避免了内战会怎么样？》（*England without Cromwell: What If Charles Ⅰ Had Avoided the Civil War?*），就对真实发生过的事件（即查理一世在1640年和1649年参加战争并失败，最后被处死，取而代之的是对方的将军奥利弗·克伦威尔，即“护国公”）进行了一系列可能替代性的探究，并且文章的大部分都致力于解释这些替代性的结果为什么没有在过去发生。按照梅吉尔的观点，这种反事实历史从认知论上讲是相对能站得住脚的，因为它是从已知证据出发，运用反事实猜想去讨论为什么事实会以现实中的结果结束，而非其他结果。的确，梅吉尔认为对历史中所有因果关系的解释都必定是这种意义上的反事实，因为解释所有因果关系时，都不仅要解释为什么事情会最终发展为我们已知的结局，还要解释它们为什么没有发展为其他结果。比如，在解释为什么希特勒能够在1933年上台的原因时，我们还要解释为什么德国军队没能掌权，为什么左翼没能成功反抗纳粹，以及为什么没能恢复民主政体。

梅吉尔认为，历史学家们之所以需要各种各样的反事实，是因为从原理上讲，规律性或恒常性的重复结构或具有较大影响的事件都是不能作为起因的。比如，我们也许可以说是帝国主义导致了“一战”的爆发，但是我们不能说帝国主义是所有战争的起因。事实上，认为是帝国主义导致了“一战”的爆发是一种非常合理的说法，但也是一种具有高度概括性的说法（因为它并没有说明战争为什么会是在那时爆发，也没有说明不同的国家为什么会参加不同的阵营）。当然，它暗含了一个反事实，或者从这种意义上说，暗含了对本可能发生什么的一种替代性想象：如果没有帝国主义，就不会有“一战”。但这并非该观点的重点所在：无论从哪方面来说，去讨论如果没有帝国主义则 1914 年到底会发生些什么都是没有必要的，因此也没有必要进行反事实猜想。根据帕克和泰特洛克的“最小改写”原则，历史学家所需要的只是那些概括层次较低的反事实。根据梅吉尔的观点，极度反事实历史并非从一个真实事件反溯到一个假设的起因，而是从一个无形的或者假设的起因开始，继而引向在现实中从未发生过的一个或一连串事件。换句话讲，“比起通常的、经典的历史学的方法，虚拟历史的方法，能更加深入地渗透到世界的真相中，因为它所猜想的内容都是被人低估的虚构。”实际上，这些虚构之所以创造了一个能引导反事实猜想的理论，恰好在于它们缺乏任何可以支持反事实猜想的直接证据。这里的观点也因而是形而上学的而非历史的。

阿维泽尔·塔克也以稍微不同的方式提出过相同的这些观点。塔克指出：“每个反事实都有一个‘余者皆同’条件，即在历史学家的假设中，除了经过检验的因素外，其余的历史事实都要保持不变。”据此，比如我们要构想假如希特勒在“一战”中被杀则可能会发生怎样的情形时，我们就得同时假设其他所有事情都保持不变，这样我们的构想才具有意义：德国将战败，纳粹党依旧得以建立，只是有了不同的领导人。接着我们才能构想如果没有希特勒，那么纳粹党的政策、选举前景等又会有何不同。换句话讲，反事实必须与我们所进行猜测的话题中的其他事件保持一致：我们改变一个事件，但是让其他所有事件保持不变。而去猜测假如纳粹是亲犹主义者会发生什么样的事便毫无意义，因为我们都知道德国极右翼党在“一战”后迅速成为反犹主义者。这里想要表达的是，为了使反事实具有意义，就必须设置小的改变，而不是大的改变。如果我们扭转了历史万花筒的一个面，那么我们便可以创造性地去思考这一个改变将会对其他所有事情造成怎样的影响；但如果我们将每个面都动摇了，那么便无法得出任何结论。不过，谁又能说，如果希特勒在战争中真的被杀，那么纳粹党在这之后是否会以当时处于边缘运动中的德国工人党（纳粹就是从中产生的）的对立方而继续存在呢？“余者皆同”规则会产生无法令人信服的决策，进而会忽略一个被更改的起始点对后续发展所可能带来的影响，而这些则是反事实主义者所不愿考虑的。换句话说，其他事情并非必须保持不变，而且余者皆同这一规则本身也同样会排除不可预见的偶然事情出现的可能性。

正如约翰内斯 · 布尔霍夫所指出的那样，非常之多的历史调查都会用到所谓的“模态”，即“如果a没有发生，那么b也同样不会发生”。这种意义上的反事实已经渗透进历史学中，因为历史学家们关注于解释事情发生的原因，所以也必将牵涉到对其他事情或替代事情为什么没有发生的解释。但这都是不言而喻的。将未曾发生但具合理性的替代事件变为一个反事实，至关重要的一步，是要从这一替代事件出发，进而推断出未曾实现过但具有合理性的一系列结果。不过在实际中，这些结果都不属于解释事情发生的时间、原因等中心任务。正因为如此，比如丹尼尔·戈尔德哈根（Daniel Goldhagen）的《希特勒那些心甘情愿的刽子手》（*Hitler's Willing Executioners*）就认为，很多非德国人都曾管理过纳粹的死亡集中营，比如“莱茵哈德行动”中的乌克兰雇佣军，但他们“并不是德国犯下犹太大屠杀罪行的最重要因素”，并且他用一个反事实对此进行支持：“可以肯定的是，如果德国人没有在欧洲（尤其是东欧）寻找助手，那么犹太大屠杀将以另一种情形展开，而德国就可能不会成功杀死如此之多的犹太人。”但这种猜想是用模糊的术语来表达一种可能性，甚至只表达一种概率，因此对于事件本身的解释并不是真正必需的，这一点在戈尔德哈根基于证据的言论中有提到，即“非德国人”不是犹太大屠杀的最重要因素，因为“他们并没有鼓动或支持这件事的发生”。自然，这又引出了另一个反事实，即假如德国人没有做出那些他们在历史上曾做出的行为，便不可能有犹太大屠杀。但这一说法实属多余，毫无意义，因为我们从不计其数的证据中早已得知德国人的确发起、倡导并执行了犹太大屠杀，而乌克兰人和其他人都不过是他们的雇佣军而已。所有的因果陈述可能都暗示有其他替代事件，但是，仅仅为了推动因果解释而去考虑这些替代事件及其意义，则是完全没有必要的。

邦泽尔指出："反事实判断是否值得信赖，决定着基于反事实判断所得出的结论是否可靠。如果将反事实判断建立在一个因果结论上，就应该考虑这样的问题：这个因果结论的可靠性有多高？"举个例子，在纳粹占领下的东欧，假如游击队能够动用核武器，那么他们必将打败希特勒的军队。这样的假设初看起来似乎有一定的道理，但其背景条件却是不具说服力的，因为如果他们真的拥有核武器，那么势力更强、装备也更好的其他组织一定会先发制人的，其中也包括纳粹，但首当其冲的会是美国，所以这样的假设需要一个截然不同的背景条件才能成立。因此，正如邦泽尔所总结的那样，"反事实推理仅仅相当于对背景条件所做的假设"。然而，反事实既可以在某一时间点上往前推，从一个假设事件推进到一个真实事件；也可以往后推，借以看看在完全不同的条件下，或在改变先决条件的情况下，是否还会发生相同的事件。这种意义上的反事实相当于决定论主义，因为"最为有趣的历史问题必然关乎这样的探究：事实已然发生了一系列变化，结果却为什么依然如故？”

但是，正如许多“长远派”反事实主义批评家所指出的那样，只有我们尽可能地遵从已知事实，将反事实构想用于理解为什么事情会发展成它们最终的样子，上面的说法才是可信的。理解了各种选择和可能性，就能帮助我们从最核心处去理解为什么成为现实的是其中的一件事，且唯独只是那一件事。比如1944年7月20日的刺杀希特勒行动，如果我们想想一旦成功将会出现怎样的情形，我们就能更好地理解刺杀者的动机和目的。事实上，这些人仅在武装部队中获得了相当有限的支持，所以希特勒之死势必导致内战的爆发，因为党卫军和其他狂热的纳粹军人会将他们镇压下去，实现复仇。那些密谋者或多或少知道这一点，而他们的诀别书也反映出，他们认为可以先行控制德国而后与同盟国媾和（鉴于同盟国坚持无条件投降政策，这是不现实的），从而至少可以为德国挽回一丝荣誉，因此才有了这次几乎是自我牺牲的行动。然而，鉴于他们对议会制的敌视态度，鉴于他们相信社会不公与政治不公都是必然的，所以即便是希特勒死了，他们也不可能尝试建立一个民主的新德国。但这种类型的猜想却有助于正确认识人们在 1944 年 11 月时的真正选择，因为它们都是基于严密的证据之上的，而那些证据又都体现了当事人对各种选择的认识。

与此截然相反的另一种推测，正如C · J · 桑瑟姆所做的，是这样一种构想：德国战胜英国导致欧洲东线的战争持续发展；一场篡夺权力的军事阴谋在 1952 年获胜，原因在于这场无法取胜的战争持续了 8 年多，带来了不计其数的伤亡；而最关键的是，希特勒已死，这使军队得以从效忠于他的誓言中解脱出来。这样的构想存在诸多的风险条件。鉴于苏联人力资源在数量上远胜过第三帝国，并且在 1944 年时其武器、弹药及设备制造也远超后者，所以根本不能肯定战争是否还会再持续 8 年之久；而且也不可能——像其他人也同样猜测的那样——假设双方势均力敌，足以使战斗陷入停顿或僵局。再有，就像菲利普 · K · 迪克以来的许多作者所猜测的那样，希特勒之死或希特勒的无能或许会在纳粹精英之间引发争夺权力的内讧，但由于希特勒在整个纳粹体系中所占据的中心地位，这种较量也绝不可能持续太久，无论军队是否会再次发动一次政变也都于事无补。德国的战争墓地通常只会接纳那些被称为“为元首和祖国而陨落”的军人，而任何别的纳粹领袖，无论戈林还是戈培尔，都无法拥有如希特勒一样的领袖魅力。

历史解释通常包括历史必然性概念——也就是必需因素，这种必然性将所有因果关系聚集一处，共同指向一个特定的结局，但它并不决定这一结局会以哪种特定形式发生。例如，我们可以说，希特勒企图发动一场欧战以便在欧洲建立德国霸权，这一初始条件是“二战”爆发的必要条件，但这一条件本身并未解释为什么战争会在1939年9月爆发。而要探究这一点，就必须分析其他因果关系——比如英国和法国都在20世纪30年代实行绥靖政策，却又在1939年抛弃了这一政策，还有德国多次成功地重整了军备等；另外，影响到结果的还有许多偶然性事件，例如希特勒因生病而加快了战争步伐，因为他担心自己可能会死，从而不能如愿以偿地在1942年发动战争。以塔克的观点，按照这种方法分析，反事实构想将有助于我们理解某个特定事件可能发生的偶然性究竟有多大。因此，我们不能，也不该想象希特勒压根就没有发动一场欧洲战争的企图（这正是绥靖主义者所犯的错误）；同时，认为希特勒不会在 1939 年 3 月进军布拉格的构想也是没有任何意义的（正是这件事使绥靖政策走到了尽头）。但是我们却可以去想象，假如发生了以下事情，则结果会是怎么样：将军们 1938 年密谋推翻希特勒的初步计划成功了，因为他们认为德国并没有做好战争准备；纳维尔 · 张伯伦没有签订那个使他们放弃计划的慕尼黑协定；希特勒没有决定在 1937~1938 年里加速他的对外扩张。而事实上，在检验这些事件时，我们其实已经在不经意间进行了这些猜测，因为这些都是可能轻易改变历史结局的偶然性事件。

在我仔细研读过的那些反事实场景里，最令人惊讶的是反事实主义者们在同一话题上出现的极端分歧，这些分歧之所以产生，一是由于他们各自的政治动机不同，二是由于他们的写作语境各有不同。例如，假设英国在 1940 年或 1941 年与纳粹德国签订条约单独媾和，那么结果会是怎样呢？究竟是希特勒在东线击败苏联，还是这两大集团之间的战斗相持不下、陷入僵局呢？抑或是如安德鲁 · 罗伯茨在 2001 年所猜测的那样（与他之前在该话题上所持的观点相矛盾），斯大林是否真的会占领整个欧洲，带来惨绝人寰的后果？究竟是大英帝国能因此而得以保全呢，还是希特勒会将他的意愿逐渐强加于英国，将英国的社会机构纳粹化，迫使他们交出英国的犹太人并送往奥斯维辛，并将大英帝国一点点分解呢？又比如，假设纳粹德国真的占领了英国，那么究竟会出现大规模的与德合作呢，还是引发大规模的抵抗运动呢？温莎公爵会不会真的成为亲纳粹的傀儡君王呢？到底是劳埃德·乔治还是奥斯瓦尔德·莫斯利爵士会住进与纳粹合作的唐宁街 10 号呢？抑或是哈利法克斯勋爵、塞缪尔·霍尔爵士或R·A·巴特勒（霍尔格·赫维希为给自己留一条出路，曾让爱德华八世的联合政府由哈利法克斯、霍尔和劳埃德·乔治三人共同领导）？总而言之，关于 20 世纪 30 年代和 40 年代的英国状况及欧洲政治，这些猜想到底能告诉我们哪些我们尚不知道的信息呢？

这类想法在许多其他反事实主义者中也出现过。在对他们的反事实文集中的文章进行综述时，帕克和泰特洛克就曾指出，杰克·戈德斯通（Jack Goldstone）对 17 世纪末期的英国历史的讨论表明，他“认为威廉三世逝世的那一刻有着重大意义，因为他相信这会将英国、欧洲乃至全球历史推向完全不同、无法逆转的进程”；而文集中的另一作者则批判了戈德斯通，认为他这是对某个单一事件进行“长远”推断，所以那位作者“认为这种做法无关紧要，因为威廉的王位首先会由他的妻子玛丽继承，如果玛丽先于威廉去世，则由她的妹妹安妮继承（正如1702年所发生的那样）”。摆在眼前的问题也是反事实历史中最常遇见的问题之一，切斯特顿、弗雷泽、拉塞尔等许多其他学者都从不同侧面对之有过探讨：如果英国是一个天主教国家而不是新教国家会出现怎样的情形呢？弗雷泽及切斯特顿这两位天主教历史学家一致认为，所有事情都将变得更好（尽管如我们所见，弗雷泽其实已承认可能不会如此），而戈德斯通的观点则十分悲观。他说，如果1688年奥兰治亲王威廉进入英国失败，那么便没有之后的科技革命，没有议会宪法，没有大英帝国，没有现代世界。但是正如卡拉·加尔迪纳·佩斯塔纳（Carla Gardina Pestana）所指出的，这便需要詹姆斯二世（实际中在1688年被威廉取代）具有“凡人难以企及的、更是斯图亚特国王中极其罕见的政治洞察力”。詹姆斯二世掌控的军事力量必须比实际强大得多，才能将国内的反对势力镇压下去（那时非常严重），而新教势力则必须非常弱。总之，英国将不会甘愿接受路易十四法国所赐的卫星国地位。几十年前曾经爆发过的内战或许又将重新上演。

在方法论方面，佩斯塔纳“不太喜欢戈德斯通在反事实中特别看重某些形式的因果解释这种做法”，即重视伟人的行动、信仰及个性。的确，戈德斯通让詹姆斯二世除掉了艾萨克·牛顿，并用这一方法去摧毁整个科技革命；然而我们也都知道，17 世纪的科技突破涉及非常巨大的一批人，也涉及相当广泛的知识领域。就事件本身而言，戈德斯通可以遵循“最小改写”原则，其通常做法就是佩斯塔纳所说的为达目的而“找个人来杀掉”；但这样就必须忽略“余者皆同”原则（比如让詹姆斯二世成为一个高效的君主）才能让反事实得以继续进行。不仅如此，任何人都可以指出，一些欧洲国家都非常乐意自己的君主属于一个教派，而其治下的臣民则可以信奉另一个不同的教派；他们还可以指出，天主教信仰与科学事业并不是必然对立的，比如鲁道夫二世就曾赞助过很多科学家和天文学家，包括第谷·布拉赫和约翰尼斯·开普勒等。

所有这一切都显示出，反事实猜想时常——甚至可以说总是——踏在证据的薄冰上，经常出现的问题是在选择起始条件时不够谨慎小心，无法区分不同层面的因果关系。反事实猜想都一再地处理那些相当复杂的历史话题，企图通过简单地假设个别行动者的力量足以改变整个事件来“打开戈尔迪之结”[1]。并且，所有反事实都局限于某个特定的历史阐述，而这个历史阐述甚至在时间轴上的第一处改变生效之前就几乎已然陷入巨大的争议之中。比如，有许多反事实文章都以“一战”的爆发为题（这在反事实中非常典型），但这些文章要么是讲弗朗茨·斐迪南未被杀害，要么假设英国外交大臣决定不加入战争，而不是去假设像俄国政府、哈布斯堡王室、塞尔维亚政府等的决策过程所导致的其他结果。由此可见，所有基于战争爆发的反事实，都必须意识到这样的事实，即因果关系是多种多样的，表现方式也是复杂多样、不可预测的。1912~1913 年冬天发生在巴尔干地区的战争，就显示着各种因果关系的共同作用；同样，他们也可能会在不同时间以不同方式发生类似的共同作用，比如弗朗茨·斐迪南没有遭到枪击之类，尽管谁也不敢非常肯定。由于变量实在太多，因此将单个事

① 戈尔迪之结，指棘手的问题或艰难的任务，“打开戈尔迪之结”指用快刀斩乱麻的方法解决问题，此处喻指解决阐述中的棘手问题。——译者注

件独立出来而将因果关系的整体复杂性降低，以此阐释因果链中某个单一改变所造成的影响，这样的做法是不能令人信服的。

我在本书中已经讨论过，那些立足长远的反事实猜想，对历史学家来说是难以信服的，也是毫无必要的，因为那些猜想在给出初始的更改事件之后，便忽略了因果链上的太多关系。正如艾瑞克·霍布斯鲍姆所说，如果时间轴上的条件被改变了，例如列宁在 1917 年被困于瑞士而并没能回到俄国之类，你所能说的不过是"'事情会有很大不同'或'没有多大不同'。然后你便无法再朝前发展，除非你开始进行虚构"。当然，反事实写作通常都是会朝前发展的，但这就很快又会将它们带入麻烦之中。它们时常沦为一厢情愿的牺牲品。反事实主义者都会给他们的思想试验设置些合理的限制，但又时常因沉醉于猜测想象的刺激而将那些限制统统抛至脑后。弗格森为反事实立下了一些理智而可行的规则，可接着又以各种方式将这些规则打破——要么是将猜想带离时间轨迹太远，要么是落入政治驱动下的一厢情愿。帕克和他的同事们都坚持短期的反事实，并以对真实情形的最小化改写为起点，但接着所收录的一系列作品中却又不乏延伸数个世纪、对社会经济的改变进行长远的、大规模的广泛想象。罗伯茨希望他的文章作者们都能从后见之明的个人专断中挣脱出来，让历史充满偶然和意外，但在他最终所收录的文章中，仍旧有好几篇的总结是“已发生的事实其实是无可避免的”。近年来，每个人都强调说反事实是一项严肃的事业，但是这也无法阻止他们中的大多数人去写一些娱乐性大于信息性的诙谐而怪诞的文章。

在尽力解决这类问题时，德国出生的美国历史学家霍尔格·赫维希曾坦白地说，在思考假如希特勒赢得了东部战争会发生什么时，“令人眼花缭乱的各种可能的反事实选项让我感到迷惑。该选择哪一种呢？”事实上，最终选择取决于历史学家的个人意图、政治倾向、事实性知识，以及当下的时代背景。同时，所做的选择从某种程度上讲也反映了作者的审美目的，他们致力于创造出最令人满意、最合乎逻辑以及通常是最具有娱乐性的反事实场景。立足于最小化改写原则，并局限于短期猜想，反事实可以用于阐释那些曾摆在个别政客和政治家面前的各种选择，也可以用于阐释历史背景对那些选择的各种制约性。但是，反事实越是远离其起点，这种作用就会变得越小，而在另一种现实所虚构的世界里走得也就越远。然而，越来越多的人却企图借助那些虚构的世界来放飞他们的想象，摆脱现实的桎梏。现代生活的复杂性与不确定性，以及由此而来的挫败感，使他们宁愿生活在托尔金《魔戒》中的中土纪元时代，也不愿生活在真实历史上的中世纪，甘愿选择夏洛克·福尔摩斯的维多利亚时代的那个理性的伦敦，也不愿选择维多利亚时代晚期那个异常复杂的伦敦。在政治动荡与文化焦虑并存、危机四伏、失望情绪蔓延的时代，那些幻想的世界尤其具有吸引力。但是，与帕克和泰特洛克所说的“反事实思想在严肃的历史研究中占有多么核心的地位”相反，我希望我已经证明了它根本就不是核心的，而是边缘的。它可以是有用的，但必须要有特定的严格限定的条件，还必须有严格限定的目的。但是，只要查阅一下那些大部头的文学作品以及迄今为止所发表的数以百计的论文，我们所能得出的唯一结论只能是：作为现当代的思想政治史的一部分，反事实现象本身是最有用也是最有趣的，就其自身来说也是具有研究意义的，但是对于严肃的历史研究却几乎没有任何实际作用。如马克斯·韦伯所说:“在每一本历史书的每一行中，如果要让那些书具有任何思想价值，那么对可能性的评价都是隐藏起来的，也必须是隐藏起来的。”

这样的结论，也是从事反事实主义叙事的部分研究人员已经得出的结论，其中既有历史学家加夫瑞尔·罗森菲尔德，也有文学学者本杰明·乌加夫特。罗森菲尔德认为反事实主义的动机“基本上是现在主义的”，而乌尔加福特则指出“这些问题的提出正好是了解提问者本人之个人偏见与兴趣的最好指南”。尼采曾指出，诸如“如果……会发生什么”之类的问题“让一切事情都具有讽刺意义”。反事实之所以是讽刺性的，因为说到底，它们更加了解的总是当前而非过去。最后的定论或许应该留给瓦尔特·拉特瑙，正如我们所看到的那样，他本人就是反事实的书写对象，他的崇拜者、意大利人圭多·莫尔塞利为他写了一部作品，是最为详尽的反事实小说之一。在往后回顾“一战”结束后的1918年、往前憧憬和平到来时他所期望的一个新世界时，拉特瑙这样写道:“历史不是从各种条件中变出来的;历史讲述现在与过去所发生的事实，而不是现在与过去可能发生的事。”

1. Wishful Thinking

1 Victor Hugo, *Les Misérables*, trans. Norman Denny (London, 1988 [1862]), pp. 279–324.
2 James Joyce, *Ulysses*, ed. Hans Walter Gabler (London, 1986 [1922]), p. 21.
3 'Le nez de Cléopatre: s'il eût été plus court, toute la face de la terre aurait changé', in Blaise Pascal, *Pensées*, ed. Léon Brunschwig (Paris, 1976), p. 71; Edward Hallett Carr, *What Is History?* 40th anniv. ed. (London, 2001 [1961]), pp. 91–93.
4 *The Adventures of Robert Chevalier, call'd De Beauchene, Captain of a Privateer in New-France* (London, 1745 [1732]).
5 Edward Gibbon, *The History of the Decline and Fall of the Roman Empire* (London, 1910 [1772–89]), vol. 5, p. 399; for Gibbon's

Oxford experience, see his *Autobiography of Edward Gibbon, as originally edited by Lord Sheffield* (London, 1907 [1796]), pp. 31–55.

6 Isaac D'Israeli, 'Of a History of Events Which Have Not Happened', in *Curiosities of Literature* (Paris, 1835), vol. 2, pp. 369–78. D'Israeli originally published the *Curiosities* in 1791, with a second volume in 1793, followed by various new editions, including one with a third volume in 1817, adding extra essays as he went along. For Alexander, see Livy, *Ab urbe condita*, book 9, sections 17–19; for *Tirant lo Blanc*, see the translation by David Rosenthal (London, 1984), pp. 555–624.

7 Christoph Rodiek, *Erfundene Vergangenheit: Kontrafaktische Geschichtsdarstellung (Uchronie) in der Literatur*, Analecta Romana 57 (Frankfurt am Main, 1997), p. 63.

8 Jean Tulard, ed., *Napoléon à Sainte-Hélène: Par les quatre évangélistes Las Cases, Montolon, Gourgaud, Bertrand* (Paris, 1981), pp. 326–7, quoted in Rodiek, *Erfundene Vergangenheit*, p. 67 (my translation). See also Kai Brodersen, *Virtuelle Antike: Wendepunkte der Alten Geschichte* (Darmstadt, 2000).

9 Louis Geoffroy, *Napoléon apocryphe, 1812–1832: Histoire de la conquête du monde et de la monarchie universelle* (Paris, 1844 [1836]); Rodiek, *Erfundene Vergangenheit*, pp. 67–89.

10 Rodiek, *Erfundene Vergangenheit*, p. 72 n. 10; Emmanuel Carrère, *Le détroit de Behring: Introduction à l'uchronie: Essai* (Paris, 1986), pp. 18–32. Josephine actually died in 1814.

11 Rodiek, *Erfundene Vergangenheit*, pp. 67–76; see also Pierre Veber, *Seconde vie de Napoléon Ier* (Paris, 1924), and Louis Millanvoy, *Seconde vie de Napoléon (1821–1836)* (Paris, 1913).

12 Charles Renouvier, *Uchronie (L'utopie dans l'histoire): Esquisse historique apocryphe du développement de la civilisation européenne tel qu'il n'a pas été, tel qui'il aurait pu être* (Paris, 1876, reprinting articles in *Revue philosophique et religieuse* 7 (1857), pp. 187–208, and 510–41; and 8 (1857), pp. 246–79; see also Rodiek, *Erfundene*

Vergangenheit, pp. 77–89, and Carrère, *Le détroit de Behring*, pp. 53–62. See more generally Paul Alkon, *Origins of French Fantastic Fiction* (Atlanta, GA, 1987).

13 Rodiek, *Erfundene Vergangenheit*, p. 79.

14 Ibid., pp. 77–90. Renouvier's appendices fill more than a hundred pages of his book.

15 'If Napoleon Had Won the Battle of Waterloo', in George Macaulay Trevelyan, *Clio: A Muse, and Other Essays, Literary and Pedestrian* (London, 1913), pp. 184–200; reprinted in John Collings Squire, ed., *If It Had Happened Otherwise* (London, 1972 [1932]), pp. 299–312.

16 See David Cannadine, *G. M. Trevelyan: A Life in History* (London, 1992).

17 Edmund Blunden, 'Sir John Collings Squire', rev. Clare L. Taylor, *Oxford Dictionary of National Biography* (Oxford, 2004), Index number 101036227.

18 See also the reworking of this fantasy in Geoffrey Hawthorn, *Plausible Worlds: Possibility and Understanding in History and the Social Sciences* (Cambridge, 1991), pp. 1–3.

19 Squire, *If It Had Happened Otherwise*, p. 48.

20 Arnold J. Toynbee, *A Study of History* (Oxford, 1934), vol. 2, *The Genesis of Civilisations*, part 2.

21 A Confederate victory in the Civil War is one of the most popular counterfactuals, though the consequences drawn differ very widely indeed. See Phil Patton, 'Lee Defeats Grant', *American Heritage* 50 (September 1999), pp. 39–45.

22 William L. Shirer, 'If Hitler Had Won World War II', *Look* (19 December 1961), pp. 28 and 43. See also the discussion in Gavriel Rosenfeld, *The World Hitler Never Made: Alternate History and the Memory of Nazism* (Cambridge, 2011), pp. 103–4. For speculative fiction imagining a Catholic England and a traditionalist papacy enduring to the late twentieth century, see Kingsley Amis, *The Alteration* (London, 1976). Philip Roth's classic *The Plot Against*

America (New York, 2004) imagines a fascist and anti-Semitic United States following the election of Charles Lindbergh as U.S. president in 1940.

23 Geoffrey Parker, 'If the Armada Had Landed', *History* 61 (1976), pp. 358–68.

24 Guido Morselli, *Past Conditional: A Retrospective Hypothesis* (London, 1989 [1975]).

25 Shulamit Volkov, *Walther Rathenau: Weimar's Fallen Statesman* (New Haven, CT, 2012).

26 Rodiek, *Erfundene Vergangenheit*, pp. 100–108; see also Susanne Kleinert, 'Historiographie und fiktionale Geschichtsdarstellung in Guido Morsellis "Contro-passato prossimo,"' in Helene Harth et al., eds., *Konflikt der Diskurse: Zum Verhältnis von Literatur und Wissenschaft im modernen Italien* (Tübingen, 1991), pp. 231–48.

27 Victor Alba, *1936–1976: Historia de la II República Española* (Barcelona, 1976), discussed in Rodiek, *Erfundene Vergangenheit*, pp. 117–19.

28 Rodiek, *Erfundene Vergangenheit*, pp. 119–22, discussing Fernando Vizcaíno Casas, *Los rojos ganaron la guerra: Como hubiera podido ser el futuro – nuestro presente – si Franco pierde la guerra civil* (Barcelona, 1989), and Manuel Talens, 'Ucronia', in *Venganzas* (Barcelona, 1994), pp. 25–34.

29 Barbara W. Tuchman, 'If Mao Had Come to Washington: An Essay in Alternatives', *Foreign Affairs* 51 (1971–72), pp. 44–64. See also Rodiek, *Erfundene Vergangenheit*, p. 128.

30 Carr, *What Is History?* pp. 91–93.

31 Daniel Snowman, ed., *If I Had Been ... Ten Historical Fantasies* (London, 1979).

32 Ibid., p. 2.

33 Ibid., pp. 4–5.

34 Ibid., pp. 6–8.

35 Niall Ferguson, ed., *Virtual History: Alternatives and Counterfactuals* (London, 1997), p. 12.

36 Ian Kershaw, *Popular Opinion and Political Dissent in the Third Reich: Bavaria 1933–1945* (Oxford, 1983), p. viii.
37 Snowman, *If I Had Been ...*, pp. 3, 9.
38 Ibid., pp. 28, 70, 94–95.
39 Alexander Demandt, *History That Never Happened: A Treatise on the Question, What Would Have Happened If ...?* 3rd ed. (Jefferson, NC, 1993 [1984]), pp. 135–51.
40 John M.Merriman, ed., *For Want of a Horse: Choice and Chance in History* (Lexington, MA, 1985), p. x.
41 The following year saw another American collection, *Alternative Histories: Eleven Stories of the World as It Might Have Been*, ed. Charles G. Waugh and Martin H. Greenberg (New York, 1986), suggesting that the genre was starting already to come back into vogue. Compensatory fantasies about a Confederate victory in the American Civil War had already been parodied by the humorist James Thurber in his short story 'If Grant Had Been Drinking at Appomattox' (available at numerous websites online).
42 Aviezer Tucker, review of Ferguson, *Virtual History*, in *History and Theory* 38, no. 2 (May 1999), pp. 254–76, here, pp. 265–66.
43 H. A. L. Fisher, *A History of Europe* (London, 1936), pp. v–vi.
44 Edward Hallett Carr, *From Napoleon to Stalin* (London, 1989), pp, 262–63 (interview with Perry Anderson).
45 Friedrich Meinecke, *Werke* (Munich, 1957–79), vol. 4, p. 261, quoted in Demandt, *History*, pp. 5–6.
46 Robert William Fogel, *Railroads and American Economic Growth: Essays in Econometric History* (Baltimore, MD, 1964). See also Stanley L. Engerman, 'Counterfactuals and the New Economic History', *Inquiry* 23 (1980), pp. 157–72. For a defence of these procedures, see Eric Hobsbawm, *On History* (London, 1997), pp. 113–15.
47 Merriman, *For Want of a Horse*, p. ix.
48 'Historians Warming to Games of "What If," *New York Times*, 7 January 1998; Martin Arnold, 'The What Ifs That Fascinate', *New York Times*, 21 December 2000.

49 Rosenfeld, *The World Hitler Never Made*, pp. 4–11. See also his 'Why Do We Ask "What If?" Reflections on the Function of Alternate History', *History and Theory* 41, no. 4 (December, 2010). pp. 90–103.

50 Tristram Hunt, 'Pasting Over the Past', *Guardian*, 7 April 2004.

51 Rosenfeld, *The World Hitler Never Made*, pp. 1–11. See also Mark A. Carnes, ed., *Past Imperfect: History According to the Movies* (New York, 1995), and Richard J. Evans, *In Defence of History*, 2nd ed., (London, 2001 [1997]).

52 Quoted in Philip E. Tetlock, Richard Ned Lebow and Geoffrey Parker, eds., *Unmaking the West: 'What-If?' Scenarios That Rewrite World History* (Ann Arbor, MI, 2000), pp. 14–16, 28–35 and notes.

53 Rosenfeld, *The World Hitler Never Made*, p. 11.

2. Virtual History

1 Cowley, *More What If?*, p. xv.

2 Jeremy Black, *What If? Counterfactualism and the Problem of History* (London, 2008), pp. 6–7.

3 Andrew Roberts, *What Might Have Been: Leading Historians on Twelve 'What Ifs' of History* (London, 2004), p. 2.

4 Benjamin Aldes Wurgaft, 'The Uses of Walter: Walter Benjamin and the Counterfactual Imagination', *History and Theory* 49, no. 3 (October 2010), pp. 361–83; at p. 361.

5 Geoffrey Parker and Philip Tetlock, 'Counterfactual Thought Experiments', in Tetlock, Lebow and Parker, *Unmaking the West*, pp. 14–46, at p. 17.

6 Simon J. Kaye, 'Challenging Certainty: The Utility and History of Counterfactualism', *History and Theory* 49, no. 1 (February 2010), pp, 38–57, at p. 38.

7 Merriman, *For Want of a Horse*, pp. ix–x.

8 Black, *What If?*, pp. 7–9.

9 Hunt, 'Pasting Over the Past.'

10 Carr, *What Is History?*, p. 95.
11 Roberts, *What Might Have Been*, p. 3.
12 Ferguson, *Virtual History*, pp. 53–55.
13 Eric Hobsbawm, *Primitive Rebels: Studies in Archaic Forms of Social Movement in the 19th and 20th Centuries* (Manchester, 1959); Edward Thompson, *The Making of the English Working Class* (London, 1991 [1963]), p. 12.
14 Edward Hallett Carr, *Socialism in One Country, 1924–1926*, vol. I (London, 1958), pp. 151–202 ('Personalities').
15 Ferguson, *Virtual History*, pp. 38–9.
16 Karl Marx, *Der achtzehnte Brumaire des Louis Bonaparte (1852)*, in *Karl Marx, Friedrich Engels, Ausgewählte Schriften in Zwei Bänden* (East Berlin, 1968), vol. 1, p. 226 (my translation).
17 Allan Megill, *Historical Knowledge, Historial Error: A Contemporary Guide to Practice* (Chicago, 2007), p. 152.
18 Fernand Braudel, *The Mediterranean and the Mediterranean World in the Age of Philip II*, 2 vols. (London, 1972–73 [1949]).
19 Fernand Braudel, *On History* (London, 1980), p. 80.
20 Ferguson, *Virtual History*, p. 87.
21 Herbert Butterfield, *The Whig Interpretation of History* (London, 1931).
22 Tucker, review of Ferguson, pp. 266–67.
23 Ferguson, *Virtual History*, pp. 61–62.
24 Ibid., p. 61.
25 See the classic critique in Pieter Geyl, *Debates with Historians* (London, 1962 [1955]), pp. 112–210.
26 Tucker, review of Ferguson, pp. 267–8, citing Maurice Mandelbaum, *The Anatomy of Historical Knowledge* (Baltimore, 1977), pp. 105–10.
27 Quoted in Ferguson, *Virtual History*, pp. 39–41.
28 Tucker, review of Ferguson, p. 268. Tucker's examples of *particular* counterfactuals that supposedly challenge *particular* theories are not counterfactuals but factuals.

29 Ferguson, *Virtual History*, pp. 64–67.

30 Tucker, review of Ferguson, p. 268; see also Evans, *In Defence of History*, pp. 68–69, 138–40, 148–49; and Hayden White, *Metahistory: The Historical Imagination in Nineteenth-Century Europe* (Baltimore, 1987).

31 See Paul M. Kennedy, *The Rise and Fall of the Great Powers* (London, 1987), and Lawrence Stone, *The Causes of the English Revolution 1529–1642* (London, 1975).

32 Tucker, review of Ferguson, p. 271.

33 Richard Ned Lebow, *Forbidden Fruit: Counterfactuals and International Relations* (Princeton, NJ, 2010), pp. 47–49.

34 Ferguson, *Virtual History*, p. 237.

35 Ibid., p. 279.

36 John Charmley, *Churchill: The End of Glory, A Political Biography* (London, 1992). See my discussion of this book in Richard J. Evans, *Rereading German History, 1800–1996: From Unification to Reunification* (London, 1996), pp. 204–12.

37 Alan Clark, 'A Reputation Ripe for Revision', *The Times*, 2 January 1993. See also the excellent discussion in Rosenfeld, *The World Hitler Never Made*, pp. 83–86 and 88–89.

38 R. W. Johnson, 'The Greatest Error of Modern History', *London Review of Books* 21, no. 4 (18 February 1999), pp. 7–8.

39 Ian Kershaw, *Hitler 1936–45: Nemesis* (London, 2000), pp. 369–80.

40 Roy Jenkins, *Churchill* (London, 2001), p. 608.

41 Paul Addison, 'Churchill and the Price of Victory: 1939–1945', in Nick Tiratsoo, ed., *From Blitz to Blair: A New History of Britain Since 1939* (London, 1997), pp. 63–64.

42 Andrew Roberts, 'Hitler's England: What if Germany Had Invaded Britain in May 1940?', in Ferguson, *Virtual History*, pp. 281–320, quote on p. 298.

43 C. J. Sansom, *Dominion* (London, 2012), pp. 571–93.

44 Holger H. Herwig, 'Hitler Wins in the East but Germany Still

Loses World War II', in Tetlock, Lebow and Parker, *Unmaking the West*, pp. 323–62.

45 Sansom, *Dominion*, pp. 581–88.

46 John Lukacs, 'What if Hitler Had Won the Second World War?', in David Wallechinsky, ed., *The People's Almanac*, vol. 2 (New York, 1978), pp. 396–98.

47 Paul Addison, *The Road to 1945: British Politics and the Second World War* (London, 1975).

48 Johannes Bulhof, 'What If? Modality and History', *History and Theory* 38, no. 2 (May, 1999), pp. 145–68, at pp. 146–47.

49 Megill, *Historical Knowledge, Historial Error*, p. 152.

50 Martin Bunzl, 'Counterfactual History: A User's Guide', *American Historical Review*, vol. 109 (2004), pp. 845–68.

51 Jon Elster, *Logic and Society: Contradictions and Possible Worlds* (New York, 1978).

52 Steven Lukes, 'Elster on Counterfactuals', in *Inquiry: An Interdisciplinary Journal of Philosophy* 23, no. 2 (1980), pp. 145–55, at p. 153.

53 Carrère, *Le détroit de Behring*, p. 91 (my translation).

54 J. C. D. Clark, 'British America: What If There Had Been no American Revolution?', in Ferguson, ed., *Virtual History*, pp. 125–74, here p. 174.

55 Ibid., p. 171.

56 Tetlock, Lebow and Parker, *Unmaking the West*, p. 372.

57 Ferguson, *Virtual History*, p. 237.

58 Clark, 'British America', p. 171.

59 Ibid., p. 174.

3. Future Fictions

1 Jorge Semprún, *L'Algarabie* (Paris, 1981), pp. 109–15.

2 Rodiek, *Erfundene Vergangenheit*, pp. 15–24.

3 Tucker, review of Ferguson, p. 265.

4 Rosenfeld, *The World Hitler Never Made*, p. 518.

5 Ibid. See also Rodiek, *Erfundene Vergangenheit*, pp. 141–49 and 161–62.

6 Rosenfeld, *The World Hitler Never Made*, p. 518.

7 Henry Vollam Morton, *I, James Blunt* (Toronto, 1942), p. 3, quoted in Rosenfeld, *The World Hitler Never Made*, p. 39.

8 For Coward's play see Rodiek, *Erfundene Vergangenheit*, pp. 130–32.

9 Ibid., pp. 132–35. See also Carrère, *Le détroit de Behring*, p. 50.

10 Rosenfeld, *The World Hitler Never Made*, pp. 45–49.

11 Richard J. Evans (ed.), *Society and Politics in Wilhelmine Germany* (London, 1978), pp. 11–3.

12 Norman Longmate, *If Britain Had Fallen: The Real Nazi Occupation Plans* (London, 2004 [1972]), p. 109.

13 Ibid., pp. 107–108, 117–18, 116, 8.

14 Ibid., pp. 135–45, 173, 178–79, 186–206, 207–57, 258–62.

15 David Lampe, *The Last Ditch* (London, 1968), and Adrian Gilbert, *Britain Invaded* (London, 1990).

16 John Ramsden, *Don't Mention the War: The British and the Germans since 1890* (London, 2006), pp. 412–14. Rosenfeld (p. 71) attempts to sustain his thesis that there was a continuous process of 'normalisation' in British depictions of Germany and Nazism from the 1960s onward, with no backsliding or contradiction, by referring to a later, secondary source published in 2002, but does not take these poll data into account.

17 William Cash, *Against a Federal Europe: The Battle for Britain* (London, 1991), pp. 1, 71, 82.

18 John Charmley, 'Why, Sadly, We Can Never Trust Germany', *Daily Mail*, 8 May 1995, p. 8.

19 See Andrew Bonnell, 'Europhobia in the New Tory Historiography', in John Milfull, ed., *Britain in Europe: Prospects for Change* (Aldershot, 1999), 207–25.

20 Madeleine Bunting, *The Model Occupation: The Channel Islands under German Rule, 1940–1945* (London, 1995).
21 Roberts, 'Hitler's England', p. 305.
22 Ibid., p. 317.
23 Owen Sheers, *Resistance* (London, 2007), p. 217.
24 Andrew Roberts, *The Aachen Memorandum* (London, 1995), pp. 10–11, 14–20, 25.
25 Ibid., pp. 9, 25.
26 Robert Harris, 'Nightmare Landscape of Nazism Triumphant', *Sunday Times*, 10 May 1992, section 2, p. 1, quoted in Rosenfeld, *The World Hitler Never Made*, p. 423, n. 187. Rosenfeld (n. 188) notes that Harris distanced himself from the view that other features of the EU resembled a Nazi-run Europe, but the fact remains that the novel shared many features of the anti-German British Euroscepticism of the 1990s.
27 Rosenfeld, *The World Hitler Never Made*, p. 87. See also Rodiek, *Erfundene Vergangenheit*, pp. 150–152; and Philip Purser, 'Hitler's Common Market', *London Review of Books*, 6 August 1991, p. 22.
28 Sansom, *Dominion*, pp. 578, 588.
29 Ibid., pp. 584–85.
30 Timothy W. Mason, *Social Policy in the Third Reich: The Working Class and the 'National Community'* (Providence, RI, 1993), p. 7. See also, as a contrast, Niall Ferguson, 'What Might Have Happened', *Times Literary Supplement*, 19 September 2007.
31 Richard J. Evans, *The Third Reich at War* (New York, 2009), pp. 332–33.
32 Rosenfeld, *World Hitler Never Made*, pp. 15–18, 22–23, 193–94, etc.
33 Ibid., p. 33, for an example.
34 Ibid., pp. 199–245, 259.
35 Bill Niven, *Facing the Nazi Past: United Germany and the Legacy of the Third Reich* (London, 2002), offers a useful introduction.

36 Peter Novick, *The Holocaust and Collective Memory: The American Experience* (New York, 1999), pp. 127–45.

37 Rosenfeld, *The World Hitler Never Made*, pp. 227–31.

38 W. Hugh Thomas, *Doppelgängers: The Truth About the Bodies in the Bunker* (London, 1995); also his *The Murder of Rudolf Hess* (London, 1979); and *SS-1: The Unlikely Death of Heinrich Himmler* (London, 2001).

39 See Deborah Lipstadt, *Denying the Holocaust: The Growing Assault on Truth and Memory* (New York, 1994), and Richard J. Evans, *Telling Lies about Hitler: The Holocaust, History and the David Irving Trial* (London, 2002).

40 http://www.publicpolicypolling.com/pdf/2011/PPP_Release, accessed 11 April 2013.

41 Philip K Dick, *The Man in the High Castle* (London, 2001 [1962]), pp. 246–47.

42 Keith Roberts, *Pavane* (London, 1968); Amis, *The Alteration*.

43 Rodiek, *Erfundene Vergangenheit*, p. 42. See also Jörg Helbig, *Der parahistorische Roman: Ein literaturhistorischer und gattungstypologischer Beitrag zur Allotopieforschung* (Frankfurt am Main, 1988), and Eric B. Henriet, *L'histoire révisité: L'uchronie dans toutes ses formes* (Paris, 1999).

44 Christian Goeschel, *Suicide in Nazi Germany* (Oxford, 2009).

45 See Karen Hellekson, *The Alternate History: Refiguring Historical Time* (Kent, OH, 2001); and Ian Watson and Ian Whates, eds., *The Mammoth Book of Alternate Histories* (New York, 2010).

4. Possible Worlds

1 Nathaniel Hawthorne, 'P's Correspondence', in *Mosses from an Old Manse* (New York, 1846).

2 Hilary Mantel, *Wolf Hall* (London, 2009); also, *Bring up the Bodies* (London, 2012).

3 See I. F. Clarke, *Voices Prophesying War: Future Wars, 1763–3749* (London, 1992).
4 Rodiek, *Erfundene Vegangenheit*, p. 48.
5 Black, *What If?*, p. 188.
6 Tucker, review of Ferguson, p. 276.
7 Black, *What If?*, pp. 91, 188–90.
8 Tucker, review of Ferguson, p. 274.
9 Roberts, *What Might Have Been*, flap text of paperback edition (2005).
10 Tetlock, Lebow and Parker, *Unmaking the West*, p. 335.
11 Dominic Sandbrook, 'What If... Egypt Had Ruled Over Us', *New Statesman*, 2 December 2010; 'What If ... William Hadn't Conquered', *New Statesman*, 1 July 2010; 'What If... Henry V Had Lived On', *New Statesman*, 6 January 2011; 'What If... Little Prince Hal Had Lived', *New Statesman*, 3 February 2011; 'What If ... Reformation Had Failed', *New Statesman*, 8 July 2010. Dawkins is of course the militant English atheist Richard Dawkins, author of *The God Delusion*; Muggeridge, who stands in for General Franco in an imagined English setting, was the acerbic journalist Malcolm Muggeridge.
12 Dominic Sandbrook, 'What If... Britain Was Still a Republic,' *New Statesman*, 4 November 2010.
13 Ferguson, 'Afterword: A Virtual History, 1646–1996', in *Virtual History*, pp. 416–40.
14 Ferguson, *Virtual History*, pp. 14–17.
15 Tucker, review of Ferguson, p. 276.
16 Roberts, *What Might Have Been*, pp. 15–58.
17 Ferguson, *Virtual History*, pp. 91–124. Robert Cowley's contribution to Roberts's volume (pp. 59–78) is not true counterfactual history because, while describing how one very small and specific incident might have altered the course of the War of American Independence, it does not go into the consequences of this. Amanda Foreman (pp. 92–104), suggesting that the war that

threatened between Britain and the United States in 1861 might not have been averted, is, like Cowley, more interested in the mechanics of how history took another turn than in the consequences of the alternative turn taken.

18 Jonathan Haslam, 'Stalin's War or Peace: What If the Cold War Had Been Avoided?', in Ferguson, *Virtual History*, pp. 348–67.

19 Roberts, *What Might Have Been*, pp. 79–133.

20 Ibid., 166–88.

21 Black, *What If?*, p. 10.

22 Tetlock, Lebow and Parker, *Unmaking the West*, pp. 241–322; William H. McNeill, 'What If Pizarro Had Not Found Potatoes in Peru?', in Cowley, *More What If?*, pp. 413–27, is mostly actually devoted to a straightforward account of the actual influence of the potato in Europe.

23 Hunt, 'Pasting Over the Past.'

24 Lubomir Dolezel, *Possible Worlds of Fiction and History: The Postmodern Stage* (Baltimore, MD, 2010), p. 122.

25 Hawthorn, *Plausible Worlds*, pp. 39–80.

26 Joel Mokyr, 'King Kong and Cold Fusion: Counterfactual Analysis of the History of Technology', in Tetlock, Lebow and Parker, *Unmaking the West*, pp. 277–322, at p. 311.

27 Niall Ferguson, *Civilization: The West and the Rest* (London, 2011).

28 Tucker, review of Ferguson, p. 275.

29 Tetlock, Lebow and Parker, *Unmaking the West*, pp. 264–65.

30 Henry A. Turner, Jr., *Hitler's Thirty Days to Power: January, 1933* (New York, 1996), p. 168.

31 Tetlock, Lebow and Parker, *Unmaking the West*, pp. 264–65.

32 Richard J. Evans, *The Coming of the Third Reich* (New York, 2003), pp. 301–308.

33 Megill, *Historical Knowledge, Historical Error*, p. 151.

34 Ibid., pp. 153–54.

35 Ibid., p. 152–55.

36 Tucker, review of Ferguson, p. 270.
37 Ibid.
38 Bulhof, 'What If?', pp. 155–56; Daniel Jonah Goldhagen, *Hitler's Willing Executioners: Ordinary Germans and the Holocaust* (New York, 1996), p. 6.
39 Bunzl, 'Counterfactual History', p. 855.
40 Ibid., p. 857.
41 Ibid.
42 Sansom, *Dominion*, p. 589.
43 Thus the Soviet Union was already producing more than three times as many tanks than Germany in 1943, a disparity not reduced by Speer's rationalisation measures: see Evans, *The Third Reich at War*, pp. 332–33.
44 Tucker, review of Ferguson, pp. 268–71; citing Yemima Ben-Menachem, 'Historical Contingency', *Ratio* 10 (1997), pp. 99–107.
45 In Cowley, *More What If?*, pp. 279–90.
46 Herwig, in Tetlock, Lebow and Parker, *Unmaking the West*, pp. 323–60.
47 Parker and Tetlock, in ibid., p. 367.
48 Goldstone, in ibid., pp. 168–96.
49 Pestana, in ibid., pp. 367, 200.
50 Robert J. W. Evans, *Rudolf II and His World: A Study in Intellectual History, 1576–1612* (Oxford, 1973).
51 See the interesting, if somewhat inconclusive discussion in Lebow, *Forbidden Fruit*, pp. 69–102 ('Franz Ferdinand Found Alive: World War I Unnecessary'). For yet another example of wishful thinking in connection with the survival of Franz Ferdinand in 1914, see Demandt, *History*, pp. 104–7.
52 Hobsbawm, *On History*, pp. 245–46.
53 Herwig, 'Hitler Wins', p. 352.
54 See the brilliant cultural history by Michael Saler, *As If: Modern Enchantment and the Literary Prehistory of Virtual Reality* (New York, 2012).

55 Tetlock, Lebow and Parker, *Unmaking the West*, p. 389.

56 Max Weber, 'Kritische Studien auf dem Gebiet der kulturwissenschaftlichen Logik' (1906), in *Gesammelte Aufsätze zur Wissenschaftslehre* (1968), p. 275, cited in Demandt, *History*, p. 14.

57 Rosenfeld, 'Why Do We Ask "What If?"' p. 90.

58 Wurgaft, 'The Uses of Walter', p. 361.

59 Friedrich Nietzsche, *Werke*, vol. 4, part 1, p. 132, cited in Demandt, *History*, p. 1.

60 Walther Rathenau, *Die neue Wirtschaft* (Berlin, 1918), p. 82, cited in Rodiek, *Erfundene Vergangenheit*, p. 100.